咻～跟著溜滑梯遊臺灣

劉芷溱 文・攝影

CONTENTS

行前準備 &
出遊注意事項

攜帶物品

1. 充足的水、牛奶。
2. 衣服多帶 1、2 套：小朋友會玩水、挖沙、流汗、打翻食物等，都需要更衣。
3. 簡單的醫療用品：防蚊液、外用的藥膏。
4. 衛生用品：溼紙巾、尿布、襪子（有些親子場所會要求大人小孩須著襪才能進入，因此不論季節氣候，建議都放在媽媽包中備用）。
5. 其他：相機、挖沙工具、魚飼料、雨鞋、吹泡泡玩具、球、風箏等，都是出遊常備的物品。

交通方式

　　大臺北、高雄地區因交通運輸發達，搭乘公共運輸是很棒的選擇，也可以機會教育小孩乘車禮儀。其他地區大部分建議自行開車，若是路程較遙遠，最好可以配合小朋友的午睡時間，或是準備一些兒歌 CD、小餅乾、可分批拿出的安撫玩具、介紹馬路上各種類型的交通工具等，幫助小孩轉移不耐的情緒。在出遊之前，可以跟小孩討論這次的走訪行程，以及針對孩童特性，加入約定事項。

注意：門票若無特別標示兒童票，係指 6 歲以下孩童免票。營業時間若寫全年無休，不一定包含除夕及過年期間。

出遊注意事項

　　由於溜滑梯有不同的高度與刺激性，家長可以在出門前，和孩子一起參閱書中的照片，做行前討論和心理建設，了解各式遊具的象徵意義或園區的歷史，讓孩子能從玩樂中學習到臺灣各地區獨特風情。家長也可以依孩子的特性，挑選適合的場所，例如不耐曬太陽的，可挑室內場所；此外，書中介紹許多森林系的戶外場所及免費的特色國小，是省錢的最佳方案。

　　書中介紹的景點，在文章和照片會顯示出該地區是否適合手推車、提供餐點、票價、營業時間，讓家長們可以更精準地準備所需物品，希望能讓家長們省時省力，輕鬆快樂地出遊。另外，開放場所附上聯繫電話與所屬的負責單位，如遇損壞等情況可聯繫回報，以維護孩童之使用安全。

基隆

是臺灣北邊濱海的城市，這裡的溜滑梯也充滿海洋特色，有以「鸚鵡螺」為造型的溜滑梯，也有可以玩水的親水公園溜滑梯，各有特色。

01 暖暖區 暖暖親水公園
親水溜滑梯

公園內有四座色彩繽紛的磨石子溜滑梯，溜滑梯的滑道簡易短小，連年幼的孩童都可輕易上手，四座溜滑梯呈圓形排列，中央有噴水柱，每逢暑假就會定時噴水，旁邊的木棧道也是出水處，相當刺激好玩。公園旁邊就是基隆河，可以從石階走下去，水深的高度大約到大人的小腿而已，水質清澈可看到魚群游來游去！停車場位於吊橋的旁邊，從公園的後方爬樓梯而上，即可到達市區的美食街。

Info
📞 （02）2457-9121（基隆市暖暖區公所）
🏠 基隆市暖暖區暖暖街 246 巷旁
🚗 開車下國 1 暖暖、瑞芳交流道後水源路右轉過水源橋後約 2 分鐘，備有停車場。

1 四座溜滑梯呈圓形排列　2 溜滑梯色彩繽紛　3 溜滑梯有洞口可以看到外面　4 親水河岸　5 吊橋

02 中正區 潮境公園
鸚鵡螺溜滑梯

鸚鵡螺溜滑梯實為藝術裝置，並非遊樂設施，不過館方並沒有限制小朋友不能使用，只是提醒家長們要特別注意小朋友的姿勢，避免發生危險。溜滑梯高度約6公尺，只有一個滑道，雖然高度不高，但滑道入口幾近垂直，滑道的底部相當平緩，且緩衝區域大，相對地更加安全。在溜滑梯的旁邊還有小知識看板：鸚鵡螺不是貝類，而是類似章魚、烏賊之類的軟體動物，是不是很特別呢？公園內還有不少竹製藝術裝置，每逢假日便吸引大批遊客前往拍照。而在潮境工作站的斜前方，還有一座碗公溜滑梯，材質為磨石子，下方連接沙坑。這邊的海岸也是著名的瘋狗浪觀賞平臺；此處管轄屬於海科館，公園緊鄰海科館旁，步行即可到達。

Info

- （02）2469-6000（國立海洋科技博物館）
- 基隆市中正區北寧路369巷
- 開車下臺62線瑞芳交流道約5分鐘，備有付費停車場；或坐火車至海科館站，步行10分鐘。

1 活化石鸚鵡螺溜滑梯　2 溜滑梯正面照　3 溜滑梯滑道的入口　4 竹製藝術裝置

03 中正區 國立海洋科技博物館
探索溜滑梯

　　主題館內共有 8 大展廳，其中專為兒童打造的兒童廳，有一座高約一層樓的探索溜滑梯，小朋友可以從旁邊的樓梯走上去，也可以從中央的洞穴攀爬而上，後方還有另一個空中天橋也可以通往溜滑梯，到達後再從假山旁的滑道溜下去，非常具有探索的冒險精神！

　　兒童館內含有多種適合小朋友的設施：數位海中賽跑（有多種海中生物可點選，看看是誰跑得快）、捕漁船（可以進入船艙內部休息，船舵操作數位航海）、漁獲扮家家酒、卡通影片播放、海洋繪本閱讀區，還可以進入巨大貝殼內。深海影像廳利用影片和會動的模型，讓觀眾更能深入其境。科學廳有很多動手操作區，適合較大的孩子，如海洋漩渦如何形成？大小氣泡圈的製造、滲透壓的實驗；透過有趣的實驗，讓小朋友更加了解海洋的特性。

1 溜滑梯暗藏三個通道，快來找一找吧！
2 珊瑚礁舞臺 3 豐收號捕漁船
4 超人氣的貝殼洞穴居，連大人也可以進入喔！

Info

📞 （02）2469-6000（國立海洋科技博物館）
🏠 基隆市中正區北寧路 367 號
🕐 平日 09:00-17:00，假日延長至 18:00，公休週一
💲 全票 200 元，6 歲以上學生票 140 元，6 歲以下免費
🚌 開車下臺 62 線瑞芳交流道約 5 分鐘，備有付費停車場；或火車至海科館站，步行 10 分鐘。

新北市

新北市的溜滑梯，以公園和國小為主，國小多位於新北郊區，不僅保有當地特色，像是菁桐國小的礦業文化，連溜滑梯都特別打造成菁桐火車，非常寓教於樂。

01 鶯歌區 鳳福公園 山丘溜滑梯

公園有兩座人造小山丘，皆鋪上人工草皮，其中一座有溜滑梯，材質是磨石子，為雙滑道並列，溜滑梯鮮豔的黃色，讓人很難不去注意到它。兩座山丘頂端有傳聲筒，可以隔空談話！旁邊有溜冰場、鳥巢鞦韆、公園首創的彈跳床，限重 80 公斤，大人小孩可以一起跳！公園地上的 PU 鋪面則是繽紛的海洋圖案，充滿童趣。

Info

📞（02）26780202（鶯歌區公所）
🏠 新北市鶯歌區鳳福路跟鳳鳴路交叉口
🚗 開車下國 2 大湳交流道約 5 分鐘，路邊停車。

1 磨石子溜滑梯　2 溜滑梯側邊的攀爬斜坡　3 攀岩小山丘　4 鳥巢鞦韆　5 彈跳床

02 鶯歌區 陶瓷博物館
龍身溜滑梯

龍身溜滑梯座落在園區的最深處，是一座非常有趣的紅磚探險堡壘，溜滑梯材質為磨石子，小朋友是從龍頭的樓梯走上去，再從龍尾的滑道溜下來，下方是細細的黃沙，有很好的緩衝效果。龍身有上釉彩，相當優美華麗。旁邊還有紅磚城堡雕樓、公雞王等，都可以爬上去，不過因為都是磚塊，質地較硬，若是小幼童要挑戰，家長們可要看緊一點囉！

夏天開放戲水池，高度很淺，適合幼兒，後方有遮陰沙坑，需自備工具，旁邊備有熱水淋浴設備。本館 B1 是專為兒童設計的陶藝館，提供兒童一個自由創作的陶藝空間，每月規劃不同的 DIY 主題，如項鍊、杯子（需收基本材料費）。

Info

📞 （02）8677-2727

🏠 新北市鶯歌區文化路 200 號

🕐 平日 09:30-17:00，假日 09:30-18:00，公休每月第一個週一、除夕及年初一

$ 門票 80 元。免費入館資格者（須出示證明文件）：設籍於新北市之市民、年滿 65 歲以上及未滿 12 歲之國民、年滿 55 歲以上之原住民族國民、就讀國內各級學校之在學學生、身心障礙者及其必要陪伴者一人、持有低收入戶證明者、持有志願服務榮譽卡之志工本人、中華民國博物館學會之會員

🚗 開車下國 3 三鶯交流道後，行經三鶯大橋、文化路後約 5 分鐘，備有付費停車場。

1 非常有趣的沙坑溜滑梯　2 溜滑梯　3 探險堡壘上的設施皆可讓小朋友攀爬　4 戲水區　5 紅磚探險堡壘

03 鶯歌區　鳳祥公園
鯨魚溜滑梯

公園位於鶯歌工業區裡，溜滑梯造型是超級可愛的鯨魚，藍色亮麗的外觀，讓人不禁多看幾眼。溜滑梯有三種方式到達入口：側邊是攀岩牆，有一定的高度具有挑戰性、另一側邊是攀爬繩、後方為樓梯。溜滑梯材

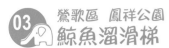

質為磨石子，為雙滑道並列，滑道順暢好溜，下方地面以圓潤的小石子鋪面，有很好的緩衝效果，礫石鋪面不僅環保，更是好清理。旁邊有大人運動設施、沙坑區裡有向日葵傳聲筒、幼兒包覆式盪鞦韆。

Info
（02）26780202（鶯歌區公所）
新北市鶯歌區鶯桃路 413 巷
開車下國 2 大湳交流道約 2 分鐘，路邊停車。

1 溜滑梯左側邊是兒童版攀岩　**2** 鯨魚溜滑梯　**3** 溜滑梯右側邊是攀爬繩　**4** 沙坑區裡有向日葵傳聲筒

04 瑞芳區 猴硐國小
猴子溜滑梯

猴硐國小的猴子溜滑梯名列「臺灣最可愛的溜滑梯」前三名，溜滑梯特別以猴子作為造型，是因為瑞芳山區有不少臺灣獼猴出沒。猴子溜滑梯的嘴巴可以爬上去，

猴子溜滑梯

當作瞭望臺；校園另一邊也有常見的塑膠溜滑梯。瑞芳早期是臺灣礦業的重鎮，隨著產業的沒落，這裡人口逐漸外移，如今則是藉著貓村和猴子溜滑梯（兩地距離開車約 5 分鐘），帶來不少人氣呢！

Info
（02）24960-450
新北市瑞芳區九芎橋路 69-1
僅假日開放 09:30-16:00
開車下臺 62 線 16 瑞芳出口後約 10 分鐘，備有停車場。

05 平溪區 菁桐國小
火車溜滑梯

校園沒有管制，可以自由進出。火車溜滑梯就位於操場旁邊，相當顯眼，共分成好幾節車廂，每一節車廂都有不同的挑戰：平衡木、爬洞穴、攀岩等，滑道共有兩個，分別位於火車頭和火車尾，相當有趣！校園一隅有城堡洞穴、礦業教育館展示以前的歷史、貓咪及魚骨頭造型的洗手檯、露天木棧檯是夏天傍晚賞螢的好場所。

1 火車溜滑梯　2 城堡洞穴　3 貓咪造型的洗手檯
4 步行即可到達菁桐老街

Info
📞（02）2495-1009
🏠 新北市平溪區菁桐街 45 號
🚌 搭乘火車平溪線至菁桐站。

1 海盜船　2 海盜船內部　3 平衡盪鞦韆和多種恐龍坐騎

06 新莊區 新莊體育場
多款溜滑梯

　　新莊體育場是新北市最大的運動園區，溜滑梯數量也相當驚人，沿著公園走一圈，就可發現數座適合幼兒的小型溜滑梯、具有挑戰性的海盜船，還有各式體能運動設施。戶外有陽光大草坪、林蔭大道、親水湖、景觀塔、親水步道、一字排開的搖搖馬、迷宮。公園的照明設備充足，傍晚時分依然可見不少小朋友在此流連忘返。運動中心的建築設計有獨特的綠化斜屋頂，可以走上去眺望繁華的市區風貌，3樓有小型的兒童室內遊戲室。

Info

📞（02）2998-1382
🏠 新北市新莊區和興街 66 號
🚗 開車下臺 65 線 5 分鐘，備有付費停車場。

07 土城區 青山公園

蛋形溜滑梯

這裡的溜滑梯為蛋形狀的磨石子溜滑梯，小朋友可以沿著溜滑梯旁邊兩個斜坡滑道，攀爬而上，順勢溜下。公園靠山，環境相當清幽，公園內還有一座常見的塑膠溜滑梯以及基本的運動器材。

Info
📞（02）2273-2000（土城區公所）
🏠 新北市土城區明德路一段 195 巷
🚗 開車下國 3 土城交流道約 10 分鐘，路邊停車。

1 磨石子溜滑梯　2 公園靠山

08 五股區 德音國小

磨石子溜滑梯

緊鄰在交流道下方的德音國小，特色溜滑梯連接在建築物的側邊，材質為磨石子，兩層樓的高度，讓小朋友上上下下，能夠消耗不少體力。校園另一邊，有常見的塑膠溜滑梯，還有遮陰的小型攀岩場、各式鐵欄杆攀爬設施。校園周邊也有不少景點：五股水碓公園（有登山步道、觀景台不論白天或夜景都有很好的視野）、維格餅家—五股夢工場（鳳梨酥觀光工廠）、準園休閒農場（請見《小腳丫遊臺灣》P16）等，適合全家安排五股深度一日遊的小旅行。

Info
📞（02）2292-5350
🏠 新北市五股區明德路 2 號
🕐 平日 05:00-07:00、16:00-19:00；假日 05:00-19:00
🚗 開車下國 1 五股交流道後約 2 分鐘，路邊停車。

1 磨石子溜滑梯　2 小型攀岩場

09 板橋區 溪北生態公園
章魚溜滑梯

2018 年新落成的八爪章魚溜滑梯，造型不僅可愛，具有實用性也更好玩。章魚的觸腳，轉化為蜿蜒曲折的磨石子滑道，滑道長度不高，小幼童也可容易上手。章魚身體設置許多攀爬網，讓小朋友有不同的觸覺體驗。貝殼溜滑梯位於公園的入口處，相當顯眼，材質為磨石子，高度和斜度都剛剛好，不需要厚紙板，順暢度很剛好，底部的緩衝區也相當寬廣，幼童可以平緩的速度停止！另一邊還有常見的塑膠溜滑梯，前方有大輪胎可供體能運動使用。

Info

📞 （02）2968-6911（板橋區公所）

🏠 新北市板橋區篤行路二段 133 號
（沙崙國小對面）

🚗 開車下 64 板橋快速道路約 5 分鐘，路邊付費停車。

1 章魚溜滑梯　2 貝殼磨石子溜滑梯
3 大輪胎運動設施　4 石子步道

10 板橋區 逸馨園
卡通溜滑梯

　　隱身在南雅夜市的逸馨園，採中國傳統優美的紅磚設計，有小橋流水，可以在雅致的迂迴長廊餵魚。這家餐廳不論是名字或建築外觀，都很難想像裡面有占地不小的兒童遊戲室，遊戲室內有特製的溜滑梯，小朋友們可以從鐵網、小攀岩、迴旋鐵欄杆攀爬而上，滑道共有兩個。溜滑梯的底部空間也完全不浪費，塑造成洞穴讓小朋友可以在底下鑽來鑽去體驗黑洞中探險的感覺。溜滑梯的背景還加了許多卡通圖案，色彩相當繽紛，同樣更顯眼的糖果屋，也放置不少玩具，如大型積木、餐廚玩具等。遊戲區全區鋪上木質地板，尚在爬行的幼兒也適合；2樓也有遊戲區，僅假日開放，有電玩設備、益智遊戲、童書繪本。

Info
- 📞 （02）2965-8080
- 🏠 新北市板橋區南雅東路45號
- 🕐 11:00-23:00，週一公休
- 💲 低消大人200元、小孩90公分以上150元
- 🚌 搭乘捷運府中站1號出口，步行10分鐘。

1 色彩繽紛的溜滑梯　2 溜滑梯的下方有多個洞穴出入口　3 糖果屋　4 糖果屋內部
5 古樸優美的景觀餐廳

11 板橋區 富貴綠地公園
小小兵溜滑梯

溜滑梯材質為磨石子，滑道共分3邊，高度約兩層，長270公尺，溜滑梯以黃、藍色系為主，有如知名卡通「小小兵」，充滿童趣。溜滑梯的旁邊和底部皆鋪上人工草皮，可自備滑草板或紙板，在山坡另一側則設有攀爬網。公園分為上下二層，上層有體健設施，下層則是溜滑梯。公園不大，假日人潮相當洶湧。

Info

📞（02）2968-6911（板橋區公所）
🏠 新北市板橋區光環路一段與長壽街交叉路
🚌 開車下臺64線板橋快速道路約5分鐘，路邊付費停車。

1 小小兵溜滑梯　2 俯瞰溜滑梯
3 可自備滑草板

磨石子溜滑梯

擁有百年歷史的老校，在翻新後，除了常見的塑膠溜滑梯，還有兩座特別的磨石子溜滑梯，一座約有兩層樓高，但坡度平緩，且下滑速度不快，小幼童也相當適合。另一個磨石子溜滑梯，共有兩個滑道，相對上一個溜滑梯，滑道短小簡單。校園內有多處藝術造景，是個人文藝術繪廊，相當清幽。三峽國小距離三峽老街僅需步行 10 分鐘路程，建議可以安排三峽半日輕旅行。

Info

📞 （02）2671-1018
🏠 新北市三峽區中山路 16 號
🕐 平日 05:30-07:30，假日
   07:30-15:30
🚗 開車下國 1 三峽交流道後約
   5 分鐘，路邊付費停車。

1 長版磨石子溜滑梯入口　2 短版磨石子溜滑梯共有兩個滑道　3 長版磨石子溜滑梯

13 三峽區 中山公園
磨石子溜滑梯

　　公園非常小，是一座依山坡而建的磨石子溜滑梯，共有 8 米長，分作三個滑道，順暢好溜，滑道的路口特別用熊造型的鐵欄杆做防護，相當可愛。公園旁邊即是土地公廟，離熱鬧非常的三峽老街約 1.5 公里。建議搭配周邊的三峽國小和鳶山運動公園來個半日遊，鳶山運動公園有沙坑及鳥巢盪鞦韆。

Info

☎ （02）26729567（中山公園廣場管理委員會）

⌂ 新北市三峽區文化路和中山路交叉口

🚗 開車下國 1 三峽交流道後約 5 分鐘，路邊付費停車。

1 長版磨石子溜滑梯　2 公園小而美　3 公園旁邊即是土地公廟

八里區 米倉國小
迷宮原木溜滑梯

　　米倉國小果真如同校門口斗大的標語：「童玩夢工廠，米倉玩具魔法學院」。這裡的溜滑梯，身在宛如迷宮般的泰山訓練場內，是個饒富趣味的原木溜滑梯。迷宮內還有攀爬網、魔法小屋、祕密基地、觀景亭、吊橋，轉個彎又是不一樣的探險祕境。累了還有觀景亭，可以對著平靜的淡水河發呆，校園位於八里的山丘上，擁有相當良好的觀景優勢。迷宮內，還有多種石雕小動物，如貓頭鷹、招財貓等，等你來挖掘。這個充滿魔法的區域，其實有個正式的名稱「小米蟲體能鍛鍊場」。

　　校園還有常見的塑膠溜滑梯、各式鐵欄杆攀爬設施、蜘蛛繩索攀爬網、原木木雕休息椅、學生們的陶藝品。處處是驚喜的米倉國小，讓人不覺得這是一間小學，難怪假日時總吸引不少外地人特地到此一遊。校園的後方，還有相當特別的大地遊戲場，有跳房子、小迷宮、中英文格子，讓小朋友發揮創意，怎麼玩都開心。在這裡，除了體驗神奇的夢幻森林遊戲空間，透過歷屆教職員工和家長們的努力下，也致力於環保、歷史人文保存，像是在「石光隧道」內，保有當地特有的觀音山石建材，可以窺探八里曾經興盛一時的礦石產業！

Info

📞 （02）2618-2202
🏠 新北市八里區龍米路二段 129 巷 1 號
🕐 平日 06:00-07:00、16:30-18:00，假日 08:30-16:30
🚗 開車下國 1 五股交流道後約 20 分鐘，路邊停車。

1 長版原木溜滑梯　　**2** 即使是塑膠溜滑梯也相當特別
3 短版原木溜滑梯

4 後方是魔法樹屋，小朋友可以從繩索攀爬而上　5 吊橋　6 校園後方的大地遊戲場　7 校園一隅

15 八里區 八里左岸 My Burger
看海溜滑梯

My Burger（買堡美式餐廳）的溜滑梯位於 2 樓和 3 樓，兩層樓高的包覆式溜滑梯，間隔以透明的材質連接，在玩溜滑梯的同時，還可以眺望淡水河！為了不打擾用餐客人玩樂的時光，餐廳採自助式點餐，館內還有不少兒童遊樂設施：球池、小型溜滑梯，最特別的是，有幾處用餐區的座位是盪鞦韆唷！餐點供應道地的加州起司漢堡、斜管義大利麵、咖哩飯，對小朋友而言，除了可以享用美味的速食炸物外，又有多種玩樂空間，真的是相當特別的美式餐館！館內設計結合鐵皮工廠的元素，也非常適合愛拍照的朋友們。

建築外觀，溜滑梯位於 2 樓和 3 樓

1 從透明的溜滑梯，可以看到淡水河　2 盪鞦韆用餐區
3 溜滑梯出口　4 在 1 樓有兒童遊戲區　5 球池

Info

📞 （02）2610-7474
🏠 新北市八里區觀海大道 57 號
🕐 全年無休 11:00-21:30（全日供餐）
💲 每人低消 100 元
🚗 開車下國 1 五股交流道後約 20 分鐘，
　　路邊停車。

臺北市

臺北市是臺灣第一個引進共融式的公園，意思為「Play For All」，不僅讓大人、小朋友共同使用，還有專為身心障礙者設計的遊具，像是包覆性有如安全座椅般的鞦韆，相信這樣的規劃未來也會逐漸普及到其他縣市。

01 北投區 桃源國小
彩色磨石子溜滑梯

　　校園內的磨石子溜滑梯，共有四個滑道，順暢好溜，每個滑道旁的扶手漆上了不同色彩，溜滑梯底部直接連接運動場的跑道。校園另一邊還有海盜船為主題的溜滑梯，內部的設施有傾斜度較高的攀爬洞穴，增加了不少刺激性。

Info

- 📞（02）2894-1208
- 🏠 臺北市北投區中央北路 3 段 40 巷 45 號
- 🕐 平日 05:00-07:00、17:30-21:30；假日 05:00-21:30
- 🚌 搭乘捷運至復興崗站下車，步行約 2 分鐘。

1 磨石子溜滑梯　2 顏色鮮豔的跑道
3 海盜船為主題的溜滑梯　4 校園一景

02 北投區 北投兒童樂園
磨石子溜滑梯

歷史悠久的北投公園，占地相當廣大，磨石子溜滑梯位於其中的兒童樂園內，材質為磨石子，溜滑梯的斜度較大，相當順暢好溜，滑道的入口的手扶欄杆是鐵製的握把，別有一番風味。往山上再步行 5 分鐘，有泡腳池。

樂園內有還有噴泉、溜冰場、典雅的北投圖書館、溫泉博物館（這是已有百年歷史的北投公共浴場，外觀呈現日式風情，內部的羅馬大浴池，氣派雄偉；館內還有一塊不小的榻榻米場地，平日開放讓小孩玩耍，假日是禁止進入的）！往樂園的更深處步行，還有日式風情的梅庭、付費的露天溫泉、地熱谷。

Info

📞 （02）2891-2105（北投區公所）
🏠 臺北市北投區中山路 2 號
🕐 09:30-17:00，週一公休
🚌 搭乘捷運至新北投站下車，步行約 5 ～ 10 分鐘。

1 磨石子溜滑梯　2 溫泉博物館，遊客們可以進入浴池內體驗　3 溫泉博物館的榻榻米　4 北投公園地圖　5 地熱谷

03 北投區 文化公園
復古磨石子溜滑梯

溜滑梯材質為磨石子，這裡的溜滑梯到達入口有三種方式，一是前面的階梯，二是從旁邊的鐵環網攀爬，鐵環網很密集，連小小孩都可以挑戰，不怕從空隙中掉落，三是從後方的鐵架攀爬到入口。

Info
📞 （02）2891-2105（北投區公所）
🏠 臺北市北投區中央北路二段與文化三路交叉口
🚗 搭乘捷運至北投站下車，步行約 10 分鐘。

溜滑梯側面照

04 南港區 中研公園
草皮溜滑梯

臺北市第一個人工草皮的特色公園，溜滑梯看起來沒有特別之處，不過設計卻相當用心，規劃「分齡玩法」，大一點的小朋友可以從右側欄杆攀爬而上，小幼童也可挑戰簡短的攀爬網，另外公園還設計了不同的探索裝置如傳聲筒，還有旋轉設施、盤狀盪鞦韆等，整個遊樂場都在人造的草皮上，看起來特別舒適愜意。公園小而美，設施相當完善，除了兒童遊樂場，還有溜冰場、網球場、專用跑道等。

Info
📞 （02）2788-4255（南港公園管理所）
🏠 臺北市南港區研究路 2 段 12 巷 58 弄
🚗 開車下國 3 南港交流道約 8 分鐘，備有停車場。

1 人工草皮溜滑梯　2 其他兒童遊樂設施
3 沙坑

05 南港區 山水綠生態公園
資源回收溜滑梯

　　溜滑梯隱身在木棧台的 2 樓空間內，共有三個滑道，入口處分別標示著「鐵罐」、「玻璃」、「鋁罐」，原來這兒的前身是「山豬窟垃圾掩埋場」，經過市府的規劃後，蛻變成一座聞不到異味的生態教育公園，讓小朋友在玩樂的同時，更富有教育意義。溜滑梯材質為塑膠，滑道較短，適合幼童，下方連接沙坑，有很好的緩衝效果，溜滑梯的上方有遮陰的波浪板。另外，在公園的空曠處還有一座大型的戶外溜滑梯，下方也連接沙坑。

Info

📞（02）2651-1434（臺北市政府）
🏠 臺北市南港區南深路 37 號
🕐 全年無休 06:00-22:00
🚗 開車下國 3 南港交流道約 5 分鐘，備有停車場。

1 沙坑溜滑梯　**2** 溜滑梯入口有資源回收的分類　**3** 木棧台左方是溜滑梯，右方是資源回收牆　**4** 園區可見到很多怪手

06 萬華區 青年公園
飛碟溜滑梯

占地廣大的青年公園，擁有數座特色溜滑梯，其中以飛碟造型的溜滑梯最特別，位於青年路和水源路的交叉口。圓形造型的溜滑梯共分三層，有數個機關，例如攀爬網，滑道成放射狀，讓愛探險的小朋友玩得不亦樂乎。溜滑梯材質為磨石子，下方連接沙坑（可能因多年的踩踏，質地較硬）。另外還有數座簡易的磨石子溜滑梯、豪華火車塑膠溜滑梯。另外，萬華親子館也設立在公園內，是值得待上一整天的全方位遊樂性公園！

1 飛碟溜滑梯　2 豪華火車塑膠溜滑梯　3 溜滑梯可以從攀爬網攀爬而上
4 溜滑梯的內部有攀爬欄杆　5 飛碟溜滑梯另一側的滑道設計

Info

📞 （02）2303-2451（青年公園管理所）

🏠 臺北市萬華區水源路 199 號

🚍 距離火車萬華站約 1.5 公里，步行 20 分鐘。

1 磨石子溜滑梯　**2** 溜滑梯側邊有小型的攀岩牆　**3** 兒童遊戲區　**4** 舞臺休息區

07 中正區 二二八和平公園
磨石子溜滑梯

　　兒童遊戲區的特色溜滑梯為磨石子材質，共有三個並列滑道，下方是沙坑，中央的較窄，左右兩邊較寬，溜滑梯後方有樓梯和攀爬繩，側邊有小型的攀岩牆。此外，還有一個普通的罐頭溜滑梯、原木樁，遊戲區旁邊就有飲用水。公園占地不小，有舞臺休息區，座位非常多，很多親子家庭會在這裡的樹下休息區乘涼、野餐；國立臺灣博物館就在公園內，公園外緊鄰總統府、外交部、臺北車站。

Info

📞 （02）2389-7228（臺北二二八紀念館）

🏠 臺北市中正區懷寧街和凱達格蘭大道交叉口

🚇 搭乘淡水線臺大醫院捷運站1號出口。

08 中正區 永福橋
橋下溜滑梯

溜滑梯就位於永福橋下，艷陽、下雨都合適。分成兩種特色溜滑梯，一個為四道並列的磨石子溜滑梯，約一層樓高；另一個為全罩式的水管溜滑梯，材質為塑膠，約兩層樓高。滑道出口旁邊有沙坑及洗手區。溜滑梯旁邊即是古亭河濱公園，占地非常大，有地景藝術，適合騎腳踏車與拍照。

Info

📞（02）2303-2451（青年公園管理所）

🏠臺北中正區思源街底永福橋下

🚌搭乘捷運至捷運公館站，步行15分鐘。

1 從溜滑梯入口俯瞰　2 橋下的全罩式與磨石子溜滑梯　3 滑道出口旁邊有沙坑
4 古亭河濱公園

09 大安區 大安森林公園
恐龍溜滑梯

　　兒童區新建的恐龍造型磨石溜滑梯，這座溜滑梯是全臺首座符合國家安全標準的磨石溜滑梯。滑道的入口除了可透過樓梯或攀爬繩，溜滑梯下方連接沙坑。公園另外設置多座塑膠溜滑梯，有刺激一點的，也有適合幼兒的，還有限定3歲兒童以下使用的包覆性盪鞦韆。此公園號稱「臺北市之肺」，綠葉成蔭，還有生態湖。緊鄰在旁的捷運站內也有一些青蛙地景、彩繪牆，深受小朋友喜愛。

Info

📞 （02）2303-2451（青年公園管理所）
🏠 臺北市大安區新生南路二段1號
🚌 搭乘捷運大安森林公園站，步行2分鐘。

1 恐龍溜滑梯，尾巴是滑道　**2** 充滿童趣的電話亭　**3** 公園內有數座溜滑梯　**4** 攀爬鐵欄

1 沙坑溜滑梯　2 體健設施　3 小朋友可以從斜坡攀爬而上
4 斜坡上的設施　5 黃槿老樹

10 中山區 榮星花園公園
山丘溜滑梯

　　臺北市第一座「兒童參與設計的遊戲場」，擺脫罐頭遊具的特色公園。山丘溜滑梯，滑道共分成兩邊，一邊下方連結沙坑，一邊連接假草皮。每邊滑道又分成三道，材質是磨石子。小朋友可以從斜坡攀爬而上，也可以拉單條繩索、爬網狀繩索；旁邊還有很多體健設施。公園以歐式庭院風格興建，備有戲水區、溜冰區，還有一顆相當特別的黃槿老樹，非常適合小朋友攀爬。

Info

📞（02）2585-0192（圓山公園管理所）
🏠 臺北市中山區民權東路三段1號
🚗 開車下國1圓山交流道約5分鐘，路邊收費停車場。

31

11 中山區 大佳河濱公園
鯨魚溜滑梯

　　河濱公園占地非常大，溜滑梯位於公園的左方。溜滑梯共有三個滑道，小朋友可以從後方的小型攀岩攀爬而上，或從小斜坡走上去。下方連結的沙坑，備有硬體設施挖土機，深受小朋友喜愛。沙坑上方有遮陰設備，夏天來也不會過於曝曬。洗手設備一字排開，相當充足；公園內還有戲水噴泉池、地景藝術裝置，腳踏車道旁有繽紛的馬賽克牆，假日會有咖啡輕食餐車。

Info

📞（02）2712-6390（工務局水利工程處）

🏠 臺北市中山區大直橋西側至中山橋東側間的基隆河岸河濱公園

🚗 開車下國1圓山交流道約5分鐘，備有收費停車場。

1 沙坑溜滑梯　**2** 鯨魚溜滑梯　**3** 挖土機

1 樹蛙溜滑梯
2 操場後方就是遊戲區

12 士林區 平等國小
樹蛙溜滑梯

　　樹蛙溜滑梯，是由鐵條構成的鐵板溜滑梯，有兩個滑道，後方是小型攀岩設備。沙坑溜滑梯結合體能運動設施，還有樹屋可以攀爬做為孩童的祕密基地。國小位於士林山區，是座小而美的森林小學，教學內容豐富，富有民俗特色。若於冬天前來還可以驅車3分鐘，從42巷進入到達櫻花林。

Info

📞（02）2861-0503

🏠 臺北市士林區平菁街101號

🕐 平日17:00後，假日07:00-17:00

🚗 開車下國1圓山交流道約25分鐘，路邊停車場。

3 沙坑溜滑梯　4 體健設施　5 樹屋

13 士林區 天和公園
大自然系溜滑梯

溜滑梯的滑道為鐵板，入口有遮罩，周圍又有樹蔭，夏天來也不至於過燙。溜滑梯後方沒有樓梯，小朋友須挑戰一層層的攀爬，才能通往滑道入口，攀爬的間距也較大，因此建議6～12歲使用。溜滑梯後方還有一座交錯複雜的攀爬網，攀爬網融入多種設計，讓小朋友可以有不同的觸覺體驗！整個遊樂場底部鋪設木屑，有非常好的緩衝力，又可兼顧生態，讓雨水可以滲透土地。遊樂場旁邊還有飲水機、洗手檯。此外，天和公園緊鄰的東和公園，也有大自然系溜滑梯，屬於全罩式的鐵板溜滑梯。

Info

📞（02）2881-2512（園藝管理所）

🏠 臺北市士林區天母東路69巷

🚗 開車下國1重陽大橋交流道約15分鐘，路邊停車。

1 溜滑梯　2 攀爬網　3 溜滑梯的滑道為鐵板　4 溜滑梯攀爬的間距較大

14 士林區 臺北市兒童新樂園
傑克與魔豆溜滑梯

　　園區內共有三種特色溜滑梯：立體螺旋溜滑梯，像魔豆與傑克一樣夢幻，屬全罩式設計，限定 100 公分以上可以使用，高度約三層樓，快又刺激（須另外收費 60 元）。火箭溜滑梯，小朋友可以登上三層樓高度空間，觀賞整個園區（免費）。室內館的球池遊戲區屬於大型探索溜滑梯，空間設計有如迷宮般複雜，身高限制 90 到 150 公分，可以現場預約或網路預約，進入球池區（免費）須著襪。

1 立體螺旋溜滑梯　**2** 小朋友玩的旋轉器材後方為火箭溜滑梯　**3** 火箭溜滑梯

園區主要為小朋友設計各項遊樂設施，如海洋總動員、水果摩天輪及銀河號、魔法星際飛車、叢林吼吼樹屋及尋寶船，各項遊樂設施依規定收費（各項設施 20～80 元／次），2 樓有一間親子餐廳「卡哇伊親子堡」，需額外付費。

Info

📞（02）2833-3823 轉 105、106
🏠 臺北市士林區承德路五段 55 號
🕐 平日 09:00-17:00；週六、寒暑假期間及連續假期延長至 20:00；週日或連假假期收假日延長 18:00，除夕休園
💲 門票大人 30 元，6 歲以上 12 歲以下 15 元，遊樂設施採每人逐項收費
🚗 開車下國 1 環河北路三段交流道約 5 分鐘，備有收費停車場。

4 大型探索溜滑梯　**5** 大型探索溜滑梯的體健器材　**6** 園區步道　**7** 園區遊樂設施

15 士林區 美崙公園
迷宮溜滑梯

緊鄰臺北天文科學教育館，特色溜滑梯共有三座：困難度較高的迷宮型溜滑梯，讓小朋友充滿探索的樂趣；另外兩座充滿童趣的溜滑梯，屬於塑膠材質。公園場地非常廣，有科學水牆動手操作區及多項藝術裝置，例如草地上有各式星球、鐵製藝術品、傳聲筒。科學教育館內需收費，有各式的體驗，讓小朋友對科學更有興趣。

Info

📞 （02）2883-2130（陽明山公園管理所）

🏠 臺北市士林區美崙街 152 巷

🚗 開車下國 1 圓山交流道約 5 分鐘，備有收費停車場。

1

2

3

5

4

1 童趣溜滑梯　**2** 迷宮溜滑梯　**3** 迷宮溜滑梯外觀　**4** 草地上的藝術裝置
5 科學操作器械

桃園

桃園有非常多的特色公園，有新型的共融式公園、橋墩下超多樣兒童遊樂設施、以恐龍為主題的溫州公園、龍潭觀光大池有精緻雕刻的龍造型戲水溜滑梯等，都非常值得造訪。

01 龍潭區 龍潭觀光大池
中國龍溜滑梯

龍潭觀光大池又名龍潭湖，每年端午節都會在此舉辦划龍舟比賽，是當地非常重要的盛事。這裡的溜滑梯以非常優美的中國龍為造型，滑道分別位於龍頭的大嘴巴和龍尾。夏天則增加戲水功能，龍的大嘴會噴水柱，是相當刺激的滑水道，龍尾是坡度較小的滑水道，適合較小的幼兒，泳池也有適合嬰幼兒的淺水區；若遇陰雨，會暫停開放吊橋和戲水池。公園內設有多座溜滑梯，並以繩索編網融入溜滑梯中，有別於一般常見的塑膠溜滑梯。

Info
📞 （03）479-3070（龍潭區公所）
🏠 桃園市龍潭區中興路 690 號
🚗 開車下國 3 龍潭交流道約 10 分鐘，路邊停車。

1 龍身正面照
2 龍的大嘴有噴水柱

3 龍尾有另一座坡度較小的滑水道　4 戲水池有噴水注，後方還有一座龍身溜滑梯

02 中壢區 老街溪河川教育中心
涵管溜滑梯

　　從車水馬龍的中原路上，即可看到外觀顯眼涵管溜滑梯，雖然材質為磨石子，但質地細膩，不易磨褲子，溜滑梯總共有四個通道，即便是假日人潮較多，也不會過於擁擠。色彩繽紛的涵管，有紅色、橘色、黃色、和綠色，用馬賽克磁磚拼貼而成，也是熱門的拍照景點，但要注意不要光顧著拍照而擋到溜滑梯的入口唷！溜滑梯的高度大約有一至兩層樓高，再從旁邊的樓梯回到涵管溜下；這裡絕對是消耗小朋友體力的好地方。

　　溜滑梯的前方，是全國第一個以「河川」為主題的老街溪河川教育中心，館內開放時間為 09：00 ～ 17：00，週一及國定假日公休，戶外遊樂設施則不在此限，若是需要導覽服務，可提前預約。教育中心的側邊有一條親水步道（新榮小學後方），步行約 3 分鐘即可抵達新勢公園。公園占地廣大，也有特色溜滑梯，高度不一的樓梯，對幼童而言，是可爬上爬下又可冒險的好地方；不規則狀的溜滑梯，也可增加刺激度。公園還有大草皮、攀岩場、地景藝術，連廁所都設計得相當新穎！由於園內遮蔽物不多，建議前往時儘量避開炎熱的天氣。

1 磨石子溜滑梯　2 磨石子溜滑梯上方的涵管

3 新勢公園的溜滑梯的樓梯　**4** 新勢公園一景

03 中壢區 羊世界牧場
金羊碉堡溜滑梯

　　從遠方即可看到矗立於入口處的閃亮金羊在小山坡上，這座山坡左右兩邊各有一座溜滑梯，溜滑梯材質為塑膠，沿著小山坡而建，小朋友需從人造石坡攀岩而上，到達金羊的碉堡後，方可抵達滑道入口，相當有趣。

　　園內占地不大，農場以「羊」為主題，有羊造型的搖搖馬、DIY 彩繪羊、體驗擠羊奶等。餐廳提供羊肉爐、羊奶酪等。蛙寶館介紹青蛙生態，還可看到牛蛙的巨無霸蝌蚪。登上樹屋，居高臨下觀賞孔雀、烏骨雞，體驗餵食迷你豬、兔子等可愛動物。遊樂設施有投幣式小火車、機械動物車、跳床，夏天開放戲水區。販賣部有許多古早童玩。

1 草皮上的人力手推車，後方為金羊碉堡溜滑梯
2 登上樹屋，居高臨下觀賞孔雀、烏骨雞　**3** 投幣式小火車
4 餵羊吃草

04 中壢區 中原大學附設幼兒園 老樹溜滑梯

溜滑梯位於幼稚園的旁邊，在老樹綠蔭下，顯得特別涼爽。滑道的材質為鐵板，前後共有 2 個滑道。溜滑梯旁有色彩繽紛的編織捕夢網，小朋友可以從延伸很長的木棧台到達滑道的入口；溜滑梯附近有很大一區的廢棄宿舍群。鄰近的國小有中原國小，可以順道拜訪，從國小步行出來即是中原夜市。

Info
📞 （03）265-7034
🏠 桃園市中壢區新中北路 291 之 2 號
🕐 平日無對外開放，特別開放時間請直接電洽園方
🚗 開車下國 1 內壢交流道約 12 分鐘，路邊收費停車場。

1 老樹溜滑梯　**2** 遊戲場的編織網　**3** 整修宿舍群

05 八德區 康妮莊園 屋頂鐵製溜滑梯

溜滑梯來自於沙坑的遮陰露臺屋頂！這座別有巧思的溜滑梯，下方是小朋友最愛的沙坑，而上方的屋頂則是特別設計成溜滑梯，小朋友可以從旁邊的樓梯走上去屋頂，再從鐵製的滑道下來，充滿主人翁 DIY 的創意。側邊的寬廣草皮可以踢足球。進入餐廳內才需低消（150 元／人），假日用餐時間人潮較多，建議事先訂位。

Info
📞 （03）371-5989
🏠 桃園市八德區東勇街 400 巷 165 弄 96 號
🕐 全年無休 11:00-21:30
💲 餐廳低消 150 元
🚗 開車下國 2 大湳交流道約 5 分鐘，備有停車場。

1 古樸的搖搖馬　**2** 鐵製屋頂溜滑梯

1 超長溜滑梯
2 一般塑膠溜滑梯的攀爬設施
3 貓頭鷹造型的樹屋
4 鐵製攀爬設施

06 桃園區 奧爾森林學堂
超長溜滑梯

由於虎頭山有許多的貓頭鷹，奧爾森即取自英文貓頭鷹「Owl」，並以貓頭鷹的造型作多種公共設施：貓頭鷹造型的咕咕屋（運氣好的話，可以從鑽洞觀察到屋裡休息的鳥兒）、公仔、陶藝品、看板等，還有六角形的樹屋（週六 10：00、14：00 會有故事媽媽說故事的活動）。公園內有數座溜滑梯，最吸引人的莫過於超長溜滑梯，共有兩個全罩式的滑道，溜滑梯的高度不高，而是較斜長，因此下降速度不會過快。除此之外，公園還有許多古早味鐵製攀爬設施、常見的塑膠溜滑梯、巨大恐龍雕像、動物磨石子雕像等。

Info

📞（03）394-6061
　（虎頭山管理站）
🏠 桃園市桃園區公園路 42 號
🚗 開車下國 1 桃園交流道約 10 分鐘，備有停車場。

1 毛毛蟲溜滑梯　2 彩色磨石子溜滑梯

07 桃園區 陽明運動公園
毛毛蟲溜滑梯

位在桃園火車站附近的公園，共有兩座特色溜滑梯，一個為毛毛蟲溜滑梯，滑道分兩邊，屬於全罩式的設計。溜滑梯蜿蜒在小山丘上，塑造成兩條色彩繽紛的可愛毛毛蟲。另一座為彩色磨石子溜滑梯，有四個並排的滑道，滑道材質稍粗糙，下滑速度緩慢，小幼童也可以輕易上手。公園內有大片草皮，假日常見許多家庭野餐，還有親水區、溜冰場、籃球場等運動空間。

Info

📞（03）334-8058（桃園區公所）
🏠 桃園市桃園區長沙街
🚗 開車下國 2 大湳交流道約 10 分鐘，路邊收費停車。

08 桃園區 桃園假日農業創意市集
雨備溜滑梯

位於八德國道 2 號橋下的長型公園，艷陽下雨都不怕，這裡的溜滑梯為磨石子材質，搭建在人造山丘上，山丘的底部還設計許多洞穴讓小朋友鑽來鑽去。遊戲場皆鋪上人工草皮，看起來特別舒爽。公園的後方有一般大型的塑膠溜滑梯、飛機造型溜滑梯、傳聲筒、攀岩場、半圓形攀爬網、大人體建設施、兒童球場。假日會有農業創意市集（每週六、日 10：00～17：00）。

Info

📞 （03）334-8058（桃園區公所）
🏠 桃園市桃園區介壽路一段
🚗 開車下國 2 大湳交流道約 8 分鐘，路邊停車。
ℹ️ 設有廁所。

1 磨石子溜滑梯　2 攀爬網　3 山丘洞穴　4 傳聲筒

09 桃園區 溫州公園
恐龍溜滑梯

劍龍溜滑梯，材質為磨石子，共有五個滑道，寬度不盡相同，有寬版、窄版、彎曲、直線，充滿趣味，小朋友絕對會超愛。溜滑梯側邊三角龍旁有小型的攀岩牆，公園還有樹叢迷宮、超多種大人的運動設施和一座普通溜滑梯。休息椅也特別以植龍為造型，外觀看起來很像鱷魚的植龍，是一種半水棲爬蟲類。整座公園彷彿就是一座迷你的侏羅紀公園，喜歡恐龍孩子一定要來朝聖！

1 劍龍溜滑梯

Info

📞 （03）334-8058（桃園區公所）
🏠 桃園市桃園區溫州街
🚗 開車下國1南桃園交流道約5分鐘，路邊停車。

2 溜滑梯共有五個滑道　**3** 三角龍旁有小型的攀岩牆

10 桃園區 陽明社區公園 綜合大型溜滑梯

　　溜滑梯共有兩個滑道，一個為全罩式鐵桶滑道，另一個為鐵板滑道。溜滑梯還結合多種體能設施：旋轉設施、攀爬網，甚至還有手動操作彈珠台，讓小朋友不論大肌肉還是小肌肉都能充分運動到。公園雖然小，還保留一座古樸的大象溜滑梯，滑道為磨石子材質，滑道相較於一般的大象溜滑梯擁有大面寬。

Info

📞 （03）334-8058（桃園區公所）
🏠 桃園市桃園區陽明一街與介新街交叉路口（建國國中正對面）
🚗 開車下國2大湳交流道約8分鐘，路邊停車。

1 綜合大型溜滑梯　**2** 溜滑梯還結合多種體能設施　**3** 體能設施各有不同的功能，訓練小朋友的大小肌肉　**4** 大象溜滑梯

11 桃園區 玉山公園
黑熊溜滑梯

黑熊溜滑梯材質為磨石子，共有三個滑道，側邊有小型攀岩牆和可愛公仔。本公園既然命名為玉山公園，也以玉山國家公園內特有的動物來做設計，例如臺灣黑熊、山羌的動物。滑道的出口特別以綠意盎然的森林為設計，讓小朋友彷彿從溜滑梯往下滑入森林中！溜滑梯前方有嬰兒專用兒特別設計的盪鞦韆。公園為不規則狀，另外在南豐二街和漢中路交叉口的園區內，有落羽松小林道可以散步。

Info

📞（03）334-8058（桃園區公所）

🏠 桃園市桃園區德壽街和南豐二街交叉路口

🚗 開車下國2大湳交流道約12分鐘，路邊停車。

ℹ️ 設有廁所（位於溜滑梯建築後方）。

1 黑熊大型溜滑梯　2 溜滑梯左側邊的攀岩牆　3 溜滑梯入口　4 溜滑梯右側邊的意象公仔

12 蘆竹區 JUDY 親子夢想館
波浪溜滑梯

　　遊戲區的特色溜滑梯共有兩座，一座為波浪狀的球池溜滑梯，共有三個滑道；另一座為全罩式的紫色溜滑梯，由於為暗色系列，因此溜滑梯內部可是相當黑暗，有探險的感覺唷！另外園區還有多種體能設施、角色扮演小屋、攀岩牆、大型積木、決明子沙坑，會讓每個小朋友玩到不想回家！餐廳與遊戲區是分開收費，餐廳挑高明亮的設計，整體感覺相當舒適，值得一提的是「手機點餐」，讓點餐快速又便利。另外還有 VIP 專屬主題包廂：樂高城堡、JUDY 農場（低消 8,800 ／ 3hr），戶外有賽車跑道用。

1 溜滑梯球池　**2** 園區有多種體能設施　**3** 全罩式的紫色溜滑梯，左邊是球林瀑布　**4** 幼童軟式溜滑梯
5 餐廳設計相當挑高明亮

Info

📞 （03）317-7272（可預先訂位）

🏠 桃園市蘆竹區中正北路 137 號

🕐 平日 11:30-21:00（用餐限 3 小時），週三店休；例假日午餐 11:00-14:00、午茶 14:30-17:30、晚餐 18:00-21:00；賽車區開放時間 12:00-14:00；15:00-17:00

💲 餐廳：12 歲以上低消 250 元、12 歲以下低消 200 元、85 公分以下免低消。遊戲區：85 公分～ 12 歲 388 元／ 3 小時，一位大人免費陪同

🚗 開車下國 1 桃園交流道約 5 分鐘，位於中正橋邊，桃園往南崁的方向，記得走橋下迴轉道，千萬別上橋，備有停車場。

1 碗公溜滑梯　2 碗公溜滑梯材質為磨石子　3 鐵板溜滑梯
4 園區有多種體能設施

13 蘆竹區 海湖地景公園
碗公溜滑梯

　　此地有三座溜滑梯，分別散落在公園內的不同區塊。碗公溜滑梯的材質為磨石子，質地較粗糙，建議自備厚紙板或滑板，來增加溜滑梯的順暢度。公園的另一端，位於濱海路一段與海港路交界處，還有個競技溜滑梯，溜滑梯的材質為鐵板，因無遮蔽物，若是夏日前來滑道會較燙。溜滑梯旁則是一處特別的體能運動場，有各式繩索，讓小朋友攀爬，連攀岩牆也是相當有挑戰性，適合大一點的小朋友。第三座溜滑梯是常見的塑膠溜滑梯。竹圍漁港距離公園僅需車程 3 分鐘。

Info

📞（03）532-0000（蘆竹區公所）
🏠 桃園市蘆竹區海山路二段 673 號、338 號
🚗 開車下臺 61 線的蘆竹出口交流道，備有停車場。

14 蘆竹區 營盤生態環保公園
高鐵橋下溜滑梯

　　溜滑梯位於高鐵橋下，因此即使是夏天來玩，也有很好的遮陰效果，就算是雨天前往，也不會被淋濕！溜滑梯約莫一層樓高，為全罩式的塑膠溜滑梯，滑道順暢好溜，下滑速度有點快，增加了設施的刺激度。公園的入口有健身器材和搖搖馬設施，再往上走，還有簡易的環山步道，可以登上高點俯瞰桃園市區。

1 全罩式的溜滑梯　2 俯瞰溜滑梯

Info

📞（03）532-0000（蘆竹區公所）
🏠 桃園市蘆竹區中山路 252 號（中山路與六福路交叉口）
🚗 開車下國 1 桃園交流道約 10 分鐘，路邊停車。

新竹

科學園區周邊因應而生許多親子餐廳，競爭相當激烈，店家也分別推出別具特色的溜滑梯，讓怕曬太陽的小朋友，也可以在室內盡情享受溜滑梯帶來的樂趣。

01 新竹市 科園國小
巴洛克式溜滑梯

建築結合中、美、歐各國精華的特色國小。其中以巴洛克式風格建造而成的溜滑梯最令人讚嘆，材質為磨石子，材質較粗糙，不易往下滑，高度約兩層樓，可惜的是只有校慶才對外開放。校園後方的遊樂設施於課後和假日開放給民眾使用，包含多座塑膠溜滑梯、三角錐攀爬繩網、沙坑、樹屋、平衡木等，並且保留大量原始植物，是很好的生態觀察站。

Info

- 📞 (03) 666-8421
- 🏠 新竹市東區科學園路 171 號
- 🕐 除了校慶（大約在每年 11、12 月分左右）或有活動外，基本上不對外開放
- 🚗 開車下國 1 新竹交流道約 3 分鐘，路邊停車。

1 建築風格也非常特別　**2** 罕見的巴洛克式溜滑梯
3 從 2 樓平臺往下看　**4** 滑道分成兩半

02 新竹市 中央公園
四種特色溜滑梯

公園於 2016 年重新整頓後，成為新竹市熱門公共場所。最具挑戰性的溜滑梯，莫過於磨石子溜滑梯，此溜滑梯約有一層樓高，小朋友須從後方的鐵製欄杆攀爬而上，滑道有兩個，一個較細，一個較寬版，要從這個溜滑梯滑下去，還真得是需要一點勇氣；第二個為依山坡而建的彎曲溜滑梯，材質為塑膠，溜滑梯下方連接沙坑，有很好的緩衝效果；第三個為小木屋溜滑梯，配合著簡單的體能訓練設施，豐富了溜滑梯的趣味性；第四個為怪獸溜滑梯，溜滑梯的下方還有探險及休息的空間（後兩者的滑道較短小，特別適合小幼童）。另外，公園還有多種新式遊樂設施，像是旋轉設施、盤狀盪鞦韆。甚至還有親子洗手檯，是座小而美，功能性很強的公園，難怪每到假日這邊總是人滿為患！

Info
📞 （03）502-3601（新竹市政府）
🏠 新竹市東區東大路一段和中央路的交叉口
🚗 開車下國 1 新竹交流道約 2 分鐘，路邊付費停車。

1 磨石子溜滑梯 　**2** 小木屋溜滑梯 　**3** 依山坡而建的彎曲溜滑梯 　**4** 怪獸溜滑梯 　**5** 旋轉器材

1 超長溜滑梯　　**2** 紅色是最短的滑道　　**3** 黃色滑道
4 溜滑梯旁的鐵製扶手欄杆，特別設計成傳聲筒
5 木棧台內設置的網子隧道

03 新竹市 青青草原
超長磨石子溜滑梯

　　十九公頃的青青草原有北臺灣最長的磨石子溜滑梯，溜滑梯依山坡而建，又陡又長，總共有四個滑道。最上面的紅色滑道是適合幼童的短小版溜滑梯；再來還有稍長的鵝黃色滑道，下滑速度相當快，非常刺激；再來還有更長的草綠色滑道；第四座藍色的滑道，是最長最刺激的一座，限制 140 公分以上才能玩的刺激版溜滑梯。小朋友可以從樓梯走上去滑道入口，也可以透過木棧台內設置的網子隧道，攀爬而上。溜滑梯旁的鐵製扶手欄杆，也特別設計成傳聲筒，非常用心的設計！在溜滑梯旁有片讓人非常放鬆的大草原。

> **Info**
> 📞 （03）502-3601（新竹市政府）
> 🏠 新竹市香山區草原路
> 🕐 全年無休 08:00-19:00
> 🚗 開車下國 3 茄苳交流道約 15 分鐘，路邊停車

1 彩色雙層樓高溜滑梯　2 另一座多樣組合溜滑梯　3 溜滑梯入口要特別繞到後方的校舍樓梯走上去　4 攀樹設施
5 傳統瓦厝　6 水管通道

04 新竹市 陽光國小
彩色雙層樓高溜滑梯

　　彩色雙層樓高溜滑梯，材質為磨石子，長 15 公尺，坡度不會太陡，小幼童也可以輕易上手！因應小朋友不同需求，每道溜滑梯的順暢度可是不太一樣的喔，材質較粗糙的滑道，常可見家長們自備厚紙板，校方也提醒，厚紙板記得自行帶回，才不會造成打掃人員的負擔。這座龐大的特色溜滑，入口要特別繞到後方的樓梯走上去，真的是可以好好消耗小朋友的體力。

　　座落在市區的國小，卻是相當有農村風格的特色學校。在傳統的三合院旁，小朋友可以體驗踩水車，旁邊有個沙坑。還有簡易攀樹設施、生態池旁有獨木橋、水管通道。

Info

📞（03）562-9600
🏠 新竹市東區明湖路 200 號
（由後門進入）
🕐 平日 16:30-18:00，假日
08:00-17:00
🚗 開車下國 1 新竹交流道
約 10 分鐘，路邊停車。

05 新竹市 寶兒咪兔樂園
LED 小溜滑梯

LED 小溜滑梯材質為塑膠，滑道內裝有 LED 燈泡，因此會閃閃發亮，溜滑梯是特別為幼兒設計的，下方鋪有軟墊，非常安全。另外還有木製的雙滑道溜滑梯、充氣的溜滑梯和水管隧道溜滑梯。室內遊戲場所有冰涼的水床、嘟嘟車、椰林旋轉氣球等。全區地板皆鋪上軟墊，牆壁也有防護措施；餐點以輕食為主，另有寶寶粥可供選擇。寶兒咪兔樂園每個月第 4 個星期日全日舉辦抓週活動，附贈抓週證書與專業攝影師合作拍造型寫真照，如需平日參加抓週活動可另預約時間。

Info

📞 0968-579-665
🏠 新竹市北區中正路 240 號 4 樓
🕐 僅接受包場預約
💲 大人用餐低消 180 元；小孩需門票，2～12 歲：180 元（贈小熊點心一份）；1～2 歲：100 元；0～1 歲免費入場
🚗 開車下國 1 新竹交流道約 10 分鐘。
ℹ️ 進入遊戲區需穿著襪子。

1 木製的雙滑道溜滑梯　**2** 水管隧道溜滑梯　**3** 角色扮演區　**4** LED 小溜滑梯和水床　**5** 椰林旋轉氣球

06 新竹市 奇幻島探索樂園
魔鬼溜滑梯

幾乎將近 90 度垂直的溜滑梯，高度約兩層樓，可以說是本書挑戰度最高的溜滑梯，必須相當有勇氣的小朋友才敢挑戰。家長們無須為安全擔憂，因為溜滑梯有工作人員看管，下方有球池緩衝，周邊的防護措施也相當完善。除了溜滑梯外，園區還有還有空中球池、蜘蛛爬塔、彈跳床、攀岩等多項設施施運動。

樂園的設施設計採垂直面懸吊，彷彿在空中遊樂，因此取名為「奇幻島探索樂園」。全臺有許多百貨公司都設有據點，溜滑梯也各有特色。

Info

📞 （03）533-8219

🏠 新竹市東區中央路 229 號 8 樓（巨城百貨）

🕐 11:00-21:30，週五、六延長至 22:00

$ 一日票 499 元，建議 3 歲以上再入場較划算

🚗 開車下國 1 新竹交流道後約 15 分鐘，備有停車場。

1 魔鬼溜滑梯幾乎將近 90 度垂直　2 下方有球池緩衝
3 樂園旁邊為湯姆熊　4 巨城百貨用餐區的兒童親善設施

07 新竹市 竹蓮國小
挑高城堡溜滑梯

校園的城堡溜滑梯，小朋友須爬上鐵製挑高的樓梯，登上平臺，才能到達滑道入口。滑道分成左右兩邊，共有兩個。另外，校園也有保留古樸的磨石子大象溜滑梯及許多鐵製攀爬設施。

Info

📞 （03）522-3066
🏠 新竹市東區食品路 226 號
🕐 平日 05:30-07:00、17:30-19:00，假日 05:30-19:00
🚗 開車下國 1 新竹交流道約 10 分鐘，路邊停車。

1 城堡溜滑梯　**2** 滑道入口　**3** 大象溜滑梯

08 新竹市 經國綠園道
碗公溜滑梯

新建的溜滑梯為磨石子材質，滑順好溜，高度不高，小幼童也可以輕易上手。特別的是攀岩牆也搭建在磨石子溜滑梯上面，頗具有挑戰性。碗公型溜滑梯遠看如同一個大大的微笑，導航設定「微笑溜滑梯」也可蒐尋得到。公園還有一些不規則狀的木棧台，讓小朋友訓練平衡感。

公園座落在新竹市，是全長 4 公里、寬 6 公尺的綠園道，設計有 6 處地景藝術，更串聯東大飛行公園、文化綠廊、護城河、中央公園，建議可安排個新竹一日遊。

Info

📞 （03）502-3601（新竹市政府）
🏠 新竹市東區經國路東大民權路段
🚗 開車下國 1 新竹交流道後約 15 分鐘，路邊收費停車。

1 藝術裝置　**2** 遠看磨石子溜滑梯
3 溜滑梯上的攀岩牆

09 湖口鄉 大房子親子成長空間
海盜船溜滑梯

喜愛原木質感的老闆，特別選用南方松打造海盜船溜滑梯，溜滑梯下方是藍色的球池，讓小朋友彷彿徜徉在大海中。海盜船溜滑梯還有特別設計多個隔間，增加探險的刺激度。室內遊戲區還有積木牆、幼幼專區（有一座小型的溜滑梯）。室外有多款坐騎，還有賽車區，不但提供賽車服，賽道規劃也相當完整，還有逼真的交通號誌唷！賽車區旁邊有攀岩牆。在親子餐廳的後方，是廣大的草皮，有潔白的沙坑、充氣遊樂設施（有一座小型的氣墊溜滑梯）。凡購票可 2 擇 1 選擇手作（DIY 黏土）或廚藝課程；手作教室兼具閱讀區。館方另有提供進階的廚藝課程，例如製作一整個蛋糕，如有興趣，歡迎私洽店家。

Info

- 📞 （03）599-2017
- 🏠 新竹縣湖口鄉湖中路 23 號
- 🕐 平日 10:00-18:00，假日提早至 09:30 營業，週一公休
- 💲 幼幼遊樂券（6 個月以上～2 歲以下）平日 249 元，假日 299 元；遊樂券（2 歲以上～140 公分以下）平日 349 元，假日 399 元；140 公分以上及成人入園券 150 元（100 可抵餐廳消費），平日不限時，假日 3 小時
- 🚗 開車下國 1 湖口交流道後約 8 分鐘，備有停車場。
- ℹ️ 大人和小孩都需穿襪才可以進入；購票時須出示健保卡或寶寶手冊確認年紀。

1

1 海盜船溜滑梯　**2** 溜滑梯下方的探險地洞　**3** 氣墊遊樂設施　**4** 戶外氣墊溜滑梯　**5** 遊戲區一景　**6** 賽車區和攀岩場

10 湖口鄉 湖口國小
神社改造溜滑梯

超過百年歷史的湖口國小，校園充滿中式古樸風情，小橋流水，還有許多鐵製兒童遊戲器材；溜滑梯原是日治時期的神社的舊址，保留了僅存的石造階梯，經改造後，蛻變成校園的磨石子溜滑梯，三個滑道都順暢好溜。根據調查，神社至少在1943年就已存在，後方群山環繞，好不清幽。校園另一邊還有常見的塑膠溜滑梯。

Info

📞 （03）569-2403

🏠 新竹縣湖口鄉八德二路 182 號

🕐 平日 05:30-07:00、17:30-19:00，假日 05:30-19:00

🚗 開車下國 1 湖口交流道後往湖口工業區，經過中山高路橋下接臺一線北上可達，備有停車場。

1 保留石造階梯的改造溜滑梯　2 塑膠溜滑梯和鐵製兒童遊戲器材　3 小橋流水　4 校園充滿中式古樸風情

11 竹北市 La Play 樂玩 親子空間 × 輕食
球池溜滑梯

館內的遊戲空間主要是提供學齡前的兒童使用，這裡的溜滑梯連小幼童也很適合，溜滑梯下方連接球池，有很好的緩衝效果，若家裡有 125～140 公分的小朋友，也可另外買陪玩票入場。大一點的小朋友可以使用溜滑梯旁的體能設施，需要爬上爬下才能到達滑道的入口。

館內有多種木質玩具、決明子沙池、球池、賽車道、數種小朋友喜愛的角色扮演角落、寶寶專屬區。每天皆會清潔消毒，這裡讓您不只玩得開心，吃的更是安心。餐點有排餐、義大利麵、燉飯等，不加味素，兒童餐點是不含任何炸物、果汁也是 100% 呈現，不加水、糖、冰。

1 溜滑梯滑道連接著球池　2 賽車道　3 角色扮演角落
4 遊戲區一角　5 決明子沙坑

Info

📞 （03）550-5340
🏠 新竹縣竹北市文興路一段 308 號 2 樓（入口處在嘉政二街 1 號）
🕐 週一 11:00-18:00、週二～五 11:00-21:00、週六～日 10:00-21:00，每日公休日不定，請見官網公告
💲 消費方式請見圖6
🚗 開車下國 1 竹北交流道約 8 分鐘，周邊備有收費停車場。

6

La Play 樂玩 歡迎您

遊戲區門票費用

用餐+遊戲 2.5小時	大人票 140CM以上	兒童票 2歲-125CM（原18M-120CM）	小童票 10M-2歲（原9M-18M）	大童陪玩票 125-140CM
平日	100元（餐費滿低消200元則可全額折抵）	320元（原350元）買票85折	兒童票之	58折
假日		380元（原399元）買票85折		

10M以下小朋友 免費

餐廳低消：
125CM以下：無低消（只需購買遊戲區費用）
125CM以上：個人低消200元（照不合併計算）

陪玩費用：
1. 平假日 150/1小時
2. 平日加價200元可升級全日票

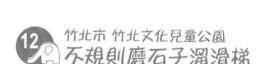

1 以石子砌成不規則溜滑梯　2 溜滑梯有個鏤空的洞穴
3 溜滑梯呈現不一樣的美感　4 滑道順暢好溜
5 溜滑梯的背面是攀岩場

竹北市 竹北文化兒童公園
（12）不規則磨石子溜滑梯

　　位於文化局旁邊的兒童公園，除了常見的塑膠溜滑梯，還有一座相當特別的不規則磨石子溜滑梯，造型相當優美、特殊，小朋友必須從滑道或旁邊的斜坡爬上再溜下，滑道順暢好溜。溜滑梯的背面是攀岩場，公園還有溜冰場，步行可達文化局，建築以客家土樓的建築型式構成。園內的美術館展現人文藝品，有生態池可餵魚；圖書館內有兒童閱覽室，還有專屬1歲下以下的爬行室，提供布書、黑白書等。

Info

📞（03）551-5919（竹北市公所）
🏠 新竹縣竹北市文平路與吳濁流路交叉口
🚗 開車下國1竹北交流道約3分鐘，路邊付費停車。

13 竹北市 文信爬蟲兩棲公園
寬版磨石子溜滑梯

半弧形的磨石子溜滑梯，共分成好幾個滑道，中央以小小的凸起石子做為區隔，有滑道大面寬的，也有一般寬度的。除了溜滑梯外，還有以石子砌成巨大的爬蟲兩棲生物：烏龜、蜥蜴、青蛙、蛇（捲曲的身體是小孩的迷宮！）。

Info

📞（03）551-5919（竹北市公所）
🏠 新竹縣竹北市光明一路與文信路口交叉口
🚗 開車下國 1 竹北交流道約 3 分鐘，路邊付費停車。

1 以石子砌成寬版溜滑梯，坡度平緩適合小小孩
2 大面寬的滑道

14 竹北市 新月沙灣
半圓形溜滑梯

2017 年新建完工的的兒童遊戲場，以磨石子溜滑梯取代原本的塑膠罐溜滑梯。有兩座大象溜滑梯，共有四個滑道；前方還有一座大大的半圓形石頭造形溜滑梯，可以從樓梯或攀岩牆攀爬而上，共分成兩個大弧形的光滑滑道，對於幼童而言，可是相當刺激好玩。遊戲場下方有厚厚的潔白沙坑，不怕小朋友溜下來會撞傷。大象後方還有個小城堡，小朋友可以爬上爬下享受探險的樂趣。唯獨此處完全無遮蔽物，建議避開烈日時段。

1 溜滑梯後方有座小型城堡
2 半圓形石頭造形溜滑梯 3 兩座大象溜滑梯

Info

📞（03）551-5919（竹北市公所）
🏠 新竹縣竹北市鳳岡路五段 155 巷
🚗 開車下臺 68 線南寮交流道約 10 分鐘，備有停車場。

15 新埔鎮 森林鳥花園 樹屋溜滑梯

在新埔鎮的山林裡，有一座獨特的親子樂園，其中最為人津津樂道的就是依山而建的數座溜滑梯，家長也可一同使用，是親子共遊的好地方：長度驚人的彩虹溜滑梯，深不見底，限三歲以上小朋友使用，若是小朋友的膽量沒那麼大，家長們也可陪同遊玩。入口要從餐廳的左手邊上坡進入，絕對適合消耗小朋友驚人的體力；鄉村風格的磨石子溜滑梯，挑戰度相較於彩虹溜滑梯，就簡易許多，特別適合愛拍照的朋友，雖然材質為磨石子，但質地細膩不易磨褲子；樹屋溜滑梯有多種入口，可以從間距稍大的樓梯攀爬而上，也可以從樹屋底部的洞口進入，連接的空中走廊可以俯瞰鳥園內部；另外還有適合幼童的小型簡易溜滑梯等，各個都充滿濃郁的特色。由於好評不斷，假日人潮洶湧，則會有限 800 人入園的管制。

既然名為森林鳥花園，這兒的禽鳥，也是不容錯過的重點項目，有與人親近的鸚鵡、會跟你一起搖擺跳舞的貓頭鷹、炯炯有神的鷹類、華麗高貴的天堂鳥，也有紅毛猩猩大型哺乳類動物。園內設施非常親善兒童，黑板塗鴉、24 孝雕塑迷宮、有遮陰的沙坑、黑熊戲水池、多種騎乘玩具、小型攀岩場、小戲水池、磁鐵拼圖區。鄉村風格的餐廳，平日提供套餐，假日是自助式迷你Buffet，餐廳內部有 10 坪大的遊戲室。

Info

- 📞 （03）589-9341
- 🏠 新竹縣新埔鎮清水里汶水坑 97 號之 1
- 🕐 平日 10:00-17:00，週三、四公休
- 💲 全票 150 元，90～120 公分半票 100 元，90 公分以下免費；門票可折抵消費 50 元
- 🚗 開車下國 1 楊梅交流道後約 15 分鐘，備有停車場（建議導航設「楊梅戶政事務所」即可沿指標抵達）。

1 樹屋溜滑梯　　**2** 樹屋溜滑梯的樓梯入口

3 樹屋溜滑梯的空中走廊可以俯瞰鳥園內部
4 鄉村風格磨石子溜滑梯　5 森林系磨石子溜滑梯
6 彩虹溜滑梯　7 彩虹溜滑梯深不見底
8 食火鳥　9 餐廳內部整潔明亮的遊戲室
10 星河廣場提供多樣騎乘玩具，左後方是攀岩場

16 關西鎮 馬武督探索森林
劍龍溜滑梯

　　恐龍一直是許多小朋友心目中的偶像，馬武督探索森林裡就有一座完成小朋友夢想的劍龍砂堡溜滑梯。溜滑梯位於園區遊客中心的下方森林步道內，步行約 3 分鐘即可到達。小朋友可以從劍龍的頭部樓梯走上去，尾巴則是劍龍的滑道，共有兩個，溜滑梯材質為磨石子。在劍龍溜滑梯的後方，還有一個依斜坡而建的磨石子溜滑梯，長度和斜度相較於劍龍溜滑梯，更加刺激些。

　　園區位於馬武督部落，最有名的就是綠光小學堂，有不少偶像劇在這邊取景，因而聲名大噪。體力較好的小朋友，可以沿著步道走在廣大的人造柳杉林中，園區較深處有彩虹瀑布和兩棵國寶級的「楊梅樹」。園區另有森林烤肉、泡茶區。

Info

- 📞 （03）547-8645
- 🏠 新竹縣關西鎮錦山里 12 鄰 138-3 號
- 🕐 六至九月：平日 08:30 -17:30、假日 08:00-18:00；十月至隔年五月：平日 09:00-17:00、假日 08:30-17:30
- 💲 6 歲以上門票 120 元
- 🚗 開車下國 3 關西交流道約 20 分鐘，備有付費停車場。

1 劍龍溜滑梯　**2** 綠光小學　**3** 劍龍溜滑梯後方還有個磨石子溜滑梯　**4** 綠光小學前的兒童遊戲場　**5** 森林步道

1

2 3

17 竹東鎮 中正公園
跑道溜滑梯

　　2018 年新落成的溜滑梯，擺脫以往塑膠感很重的罐頭溜滑梯，改以傳統的磨石子溜滑梯，滑道短小，適合幼童，共分做兩個滑道，底部鋪設人工草皮。有如操場跑道般的爬坡道，上面有攀岩牆，搭配色彩繽紛的攀岩石，讓公園添了很多童話氣息。旁邊還有潔白的沙坑、時光隧道攀爬網、樹杞林意象盪鞦韆。

Info

📞 （03）596-6177（竹東鎮公所）

🏠 新竹縣竹東鎮新正路（接近中正路口）

🚗 開車下臺 68 線竹東快速道路後約 5 分鐘，路邊收費停車。

4

5

1 2018 年新落成的溜滑梯　2 磨石子溜滑梯，滑道短小　3 有如操場跑道般的爬坡道　4 時光隧道攀爬網　5 沙坑

18 橫山鄉 內灣國小
火車溜滑梯

內灣國小為開放式的校園，校園內有座特色溜滑梯：內灣號火車溜滑梯，溜滑梯單純以紅、黑兩種配色，色彩搶眼，車身用鍛鐵方式連接，往下步行即為熱鬧的內灣老街。劉興欽漫畫館，就位於國小對面，園內有經典漫畫人物公仔、展覽區、餐飲區、舒適的漫畫閱覽區、塗鴉牆、積木區。由於上山路小，交通假日易壅塞，建議搭乘內灣支線火車前往。

Info

📞 （03）584-8019
🏠 新竹縣橫山鄉內灣村 3 鄰 110 號
🕐 除上課時間（07:30-16:00）皆可進入
🚗 火車內灣線至內灣站，步行 5 分鐘。

1 內灣號火車溜滑梯　**2** 漫畫館內藏書量豐富，可隨心所欲找個角落閱覽　**3** 色彩繽紛的木頭積木　**4** 內灣支線火車

19 北埔鄉 西瓜莊園
西瓜彩繪溜滑梯

　　莊園內的溜滑梯並不是特別以西瓜造型去設計，而是將常見的塑膠溜滑梯彩繪，賦予新的生命，別有巧思。

　　園區既然名為西瓜莊園，在景觀設計上，處處皆以非常可愛的西瓜造景去布置，有數座適合小朋友高度的特製木屋，小朋友可以在裡面玩扮家家酒。戶外有沙坑、小火車、球池小屋。在餐廳樓上還別有洞天，有大型彈珠檯、各種球類運動器材、山洞繪圖區、涵管戲水區。餐廳套餐 350 元起，還有販售可愛的西瓜大小抱枕、杯子、茶壺。園區整體設計非常溫馨、可愛，充滿特色，特別適合愛拍照的旅人！園區還有 DIY Pizza 的活動。

Info

- 📞（03）580-2000
- 🏠 新竹縣北埔鄉水磜村 32 號之 10
- 🕙 10:00-18:00，週一、二、三公休
- 💲 100 公分以上 150 元，平日可全額抵消費，假日可抵消費 100 元
- 🚗 開車下臺 68 線快速道路約 20 分鐘，備有停車場。

1 溜滑梯正面照　2 溜滑梯側面照　3 西瓜小木屋　4 西瓜公車　5 西瓜搖馬　6 西瓜攤位

1 磨石子溜滑梯旁種植了不少植物　2 教堂保留了原本的色彩　3 油桐花籽茶屋　4 竹屋

20 峨嵋鄉 峨眉野山田工坊
教堂溜滑梯

由廢棄的天主教堂重新改造為在地相當知名的柴燒麵包窯（團體可預約 DIY 窯烤麵包），讓許多人慕名前來購買。園區保留了教堂原本的色彩，旁邊的特色溜滑梯，依山坡而建，材質為磨石子，溜滑梯旁邊有不少植物，顯得特別親近自然。草地上顯眼的「油桐花籽茶屋」，是特別請到藝術家設計的樹屋，不僅遊客可以走上去探險，更吸引鳥兒到此佇留，另外還有稻草屋。

Info

📞 （03）580-9115

🏠 新竹縣峨眉鄉峨眉村 2 鄰 1-2 號

🕐 08:00-17:00，全年無休

🚗 開車下國 1 頭份交流道約 15 分鐘，備有停車場。

21 峨嵋鄉 峨眉國小
榕樹溜滑梯

從峨眉野山田工坊步行約2分鐘即可到達峨眉國小，這是間小而美的山區小學，有許多體能器材。特色溜滑梯有兩座，一座的滑道是鐵製的鐵板，但是沒有樓梯讓小朋友攀爬而上，而是必須直接爬上榕樹，滑道就緊鄰在樹幹旁，真的是妥善利用天然資源。另外一座特色溜滑梯，也一樣沒有樓梯，而是必須透過一格格的鐵製器材攀爬而上，是座復古的溜滑梯。

Info

📞（03）580-0674
🏠 新竹縣峨眉鄉峨眉村峨嵋街 4 號
🕐 除上課時間（07:30-16:00）皆可進入
🚗 開車下國 1 頭份交流道約 15 分鐘，備有停車場。

1 榕樹溜滑梯　2 小朋友必須爬樹才能到滑道入口　3 鐵製器材　4 小學充滿各式古樸的遊樂器材　5 欄杆鐵製溜滑梯

苗栗

這裡有非常多樣的特色溜滑梯，包括隱身在山林中的夢幻超長溜滑梯，充滿懷舊氣息的水牛城和秋茂園，也是不容錯過的特色溜滑梯。

01 後龍鎮 臺灣水牛城
土坡溜滑梯

　　園區的溜滑梯依土坡而建，總共有五個滑道，皆是塑膠材質，滑道有較筆直的，也有蜿蜒曲折的，其中紅色的溜滑梯較短小，幼兒也可以體驗。

　　園區造景古樸盎然，特別清幽。水牛在臺中早期的農業中，功不可沒，但隨著時光流逝，水牛已逐漸被人們淡忘。為了讓更多人可以了解水牛的故事，老闆至今依然堅持入園不收費。園區占地非常廣大，除了水牛外，還有山豬、馬、綿羊、鴕鳥等，老闆還在柵欄外貼上動物相關的俚語，相當寓教於樂。

Info

📞（037）732-097

🏠 苗栗縣後龍鎮龍坑里 17 鄰十班坑 181-11 號

🕐 08：00-21：00，全年無休

🚗 開車下國 3 苑裡交流道約 3 分鐘，備有停車場。

1 溜滑梯依土坡而建　2 蜿蜒的溜滑梯　3 復古的動物雕像　4 頭號明星：水牛

02 後龍鎮 童趣公園
瀑布式溜滑梯

公園又名「高鐵特定區公園」位於高鐵橋下。這裡的溜滑梯全為磨石子材質，共有 9 個滑道，其中 3 個是較長的滑道、另外 3 個短的滑道並排，中央有休息平臺、下方又連接著 3 個短的滑道，彷彿瀑布般，讓小朋友爬上滑下，玩得不亦樂乎；公園還有攀岩場、池塘、旋轉體能遊樂器材。這裡距離客家圓樓僅需 3 分鐘車程，其建築物是以傳統客家土樓為模型，晚上點燈後，配上水舞秀，更顯得炫麗非凡；周邊有簡易的親水步道、池塘。

1 瀑布式溜滑梯　2 溜滑梯全為磨石子材質
3 體能遊樂器材　4 旋轉遊樂器材　5 攀岩場

Info

📞（037）721-382（後龍鎮公所）
🏠 苗栗縣後龍鎮新港三路與豐富六街交叉口左側
🚗 開車下國 3 大山交流道約 5 分鐘，路邊停車。

03 頭份市 尚順育樂世界
黑洞溜滑梯

尚順育樂世界以 5D 體感為主題，遊客們可依自己的喜好，選擇要玩樂的項目。 各個遊樂設施都可以使用悠遊卡付費。3 樓的魔法學校，透過體感設施，彷彿真有魔法般！6 樓「進擊的巨人」5D 體驗，除了逼真的戰鬥畫面，還配合不同的香氣，讓感官充滿了刺激；攀岩走壁動能特區也在 6 樓，有號稱全臺占地最廣、攀岩板最高的攀爬設施，有適合 120 公分以下的體驗設施、也有連大人都特地到此體驗的高難度彈跳、平衡設施。

這裡有三座溜滑梯，靠近入口處的紫色溜滑梯，最為驚險刺激，全罩式、完全不透光的設計，讓裡面有如黑洞般，傾斜度較大，因此下滑速度相當快，非常適合愛冒險的小朋友。旁邊的黃色全罩式溜滑梯傾斜度也很大，下滑速度也相當快，但因為會透光，所以不如紫色溜滑梯來得驚險。另外，在遊戲區的後方也有簡易的紅色全罩式溜滑梯，適合幼童。這三座溜滑梯，都必須經過層層的攀爬，才能到達，真的是考驗小朋友體力的地方！中央則是球池射擊場；進入遊戲區時，5 歲以下須由成人陪伴，5 歲以上須有父母或成人監督。

Info

📞 （037）539-999
🏠 苗栗縣頭份市中央路 105 號
🕐 全年無休，11:00-21:30
💲 全票 899 元，每項設施皆可體驗乙次，不含進擊的巨人
🚗 開車下國 1 頭份交流道約 5 分鐘，備有付費停車場（消費折抵方式請洽服務臺）。

1

70

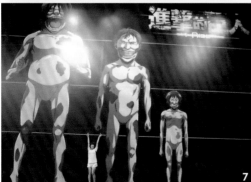

1 攀岩走壁動能特區
2 紫色黑洞溜滑梯
3 黃色全罩式溜滑梯
4 最簡單的紅色溜滑梯
5 射擊場
6 平衡設施
7 進擊的巨人大型看板牆
8 其他類型的遊樂設施

04 頭份市 儷池咖啡屋
紫色夢幻溜滑梯

　　這裡的溜滑梯共有兩座，一座特別以紫色系打造的木製溜滑梯，滑道的部分是塑膠材質。另外一座溜滑梯，位於餐廳外，是以磨石子打造，滑道短小很適合幼兒。餐廳的外圍，除了兩座溜滑梯，還有沙坑、餵魚區，園區的花卉造景布置相當用心，適合拍照。顯眼的黃色歐風建築就是餐廳，室內布置以溫馨的鄉村風為主。園區戶外沒有消費限制，進入餐廳需低消150元。

Info

- 📞 （03）767-6899
- 🏠 苗栗縣頭份市興隆里興隆路11鄰359巷215號
- 🕐 11:30-21:00，週一公休
- 🚗 開車下國1頭份交流道約3分鐘，備有停車場。

1 園區一景　**2** 紫色夢幻溜滑梯　**3** 磨石子溜滑梯　**4** 池塘餵魚區

05 卓蘭鎮 Vilavilla 魔法莊園
原木溜滑梯

　　原木溜滑梯的滑道入口，位於圓形木棧平臺上。溜滑梯的旁邊就是樹屋，底部的洞穴是可以進入的！「Vila」是住在森林裡的精靈，「Villa」則是鄉村住宅莊園，整個園區如同其名，彷彿進入精靈打造的夢奇地！園區花草爭奇鬥豔，旁邊的廣場有遮陰沙坑、原木積木（挺有重量，較適合 3 歲以上的孩童）、木馬、翹翹板、DIY 彩繪原木小屋、青草馬園（可預約馬術騎乘活動）；森林廚房提供西式套餐，並於戶外增設南洋茅草用餐區，另有提供住宿。

1 溜滑梯的滑道入口位於圓形木棧平臺上
2 青草馬園　3 溜滑梯旁邊即是樹屋　4 蹺蹺板

Info

📞（04）2589-8866
🏠 苗栗縣卓蘭鎮西坪里 3 鄰西坪 33-1 號
🕐 10:00-19:00，假日提早 09:00 開放，週二公休
💲 門票 150 元，可抵消費 100 元
🚗 開車下國 1 三義交流道約 25 分鐘，備有停車場。

06 竹南鎮 竹南綜合運動公園
數座溜滑梯

　　總面積約 14 公頃，是兼具健身、運動、休閒三大功能的綜合性運動公園。擁有多座溜滑梯，其中一座是充滿臺灣早期古樸味的復古溜滑梯，小朋友可以從右邊樹幹狀的樓梯走上去，前方有多座古樸的搖搖馬。公園還有多處擁有溜滑梯，不過都是常見的塑膠罐頭溜滑梯，另外，還有廣闊的大草坪、色彩繽紛的彩虹門、綠色迷宮、溜冰場（很多小朋友在此練習腳踏車）、荷花池，非常適合親子共遊。這裡也有適合青少年的體育運動設施：網球場、籃球場、田徑場、足球場等。

Info

📞（037）762-5648

🏠 苗栗縣竹南鎮永貞路二段 198 號

🚗 開車至臺 61 線西濱公路南下約 10 分鐘，備有停車場。

1 溜滑梯前方古樸的搖搖馬　2 溜滑梯的天橋　3 樹幹狀的樓梯　4 彩虹門

07 通霄鎮 秋茂園
大蜘蛛溜滑梯

　　歷史悠久的秋茂園，是許多人童年的回憶，占地不小的園區，其實是全臺少數不收門票的私人花園，園內還有古樸的動物雕像、涼亭、特殊的古老設施。園內的兩座特色溜滑梯，也是陪伴許多人長大的共同記憶，一個是八爪溜滑梯，看似一隻大蜘蛛，共有四座樓梯和四座滑道；另一座是螺旋溜滑梯，高度大約有兩層樓，遮陰的設計，讓小朋友夏天來玩也不會過於曝曬，唯獨邊緣防護較低，要小心孩童避免從高處墜落。兩座溜滑梯的材質皆為磨石子，歷經多年的洗禮，相當順暢好溜！

Info

📞 （037）792-648
🏠 苗栗縣通霄鎮通灣里 20-1 號
🕐 08:00-17:00，全年無休
🚗 開車下國 3 通霄交流道約 10 分鐘，備有停車場。

1 大蜘蛛溜滑梯　2 螺旋溜滑梯
3 螺旋溜滑梯後方的通道　4 涼亭
5 古樸的動物雕像

08 銅鑼鄉 苗栗客家文化館
青蛙山洞溜滑梯

　　館內占地相當大，溜滑梯位於 1 樓兒童館，限定 110 公分以下的小朋友使用，溜滑梯的長度和高度都不高，側邊護欄皆鋪上軟墊，非常適合幼兒。溜滑梯的下方則設計成青蛙山洞，裡面的天花板星空閃爍，數位牆則是介紹鄉村生態。館方會定時提供說故事時間（溜滑梯此時會暫停開放）。溜滑梯的後方則是兒童繪本區和益智玩具區，並且有許多教具都和客家文化息息相關。兒童館內還有糕餅模型拓印、客家傳統文化、信仰數位學習區。

　　館內還有多個特展，介紹臺灣各地的風俗民情。地下室有適合小朋友的音樂廣場、積木創作區，若於假日前往，還有內容豐富的免費 DIY，例如巧克力甜點、燈籠、染布等。

Info
- 📞 （037）985-558
- 🏠 苗栗縣銅鑼鄉九湖村銅科南路 6 號
- 🕐 09:00-17:00，週二公休
- 💲 目前暫不收費
- 🚗 開車下國 1 銅鑼交流道約 10 分鐘，備有付費停車場（50 元／次）

1 溜滑梯　**2** 溜滑梯下方的青蛙山洞　**3** 大片玻璃讓室內採光非常好　**4** 溜滑梯後方的繪本、教具區　**5** DIY 教室

09 銅鑼鄉 文峰國小
大象溜滑梯

校園位於寧靜的銅鑼鄉村，非常古樸的大象溜滑梯，外觀以黃色為主體，共有三個滑道，材質為磨石子，特別的是這裡的溜滑梯斜度和光滑度都較高，溜起來比一般的大象溜滑梯還要更快速一點！另一邊有普通的塑膠溜滑梯，中間以透明的管道相連，同樣深受小朋友喜愛。校園還有保留許多古樸的鐵製攀爬設施、古早味「前後搖晃」的翹翹板。

3

1

4

5

2

1 大象溜滑梯　2 大象溜滑梯側面
3 大象共有三個滑道　4 鐵製攀爬設施
5「前後搖晃」的翹翹板

Info

📞（037）981-143
🏠 苗栗縣銅鑼鄉樟樹村 12 之 1 號
🕐 除上課時間（07:30-16:00）皆可進入
🚗 開車下國 1 銅鑼交流道約 3 分鐘，路邊停車。

臺中市

身為文藝之都，旅店、百貨公司都推陳出新，引進超酷炫的時尚超長滑道溜滑梯，當然，各有特色的溜滑梯也成為親子餐廳吸引客人的招牌。

01 豐原區 慈濟公園
沙坑溜滑梯

雖然溜滑梯本身是常見的塑膠罐頭溜滑梯，不過此處的規模較一般公園大型。公園還有人工造景的日式假山水、灌木樹叢迷宮，是個適合全家老少踏青的好去處。

> ## Info
> 📞 （04）2522-2106（豐原市公所）
> 🏠 臺中市豐原區豐東路和水源路交叉口
> 🚗 開車下國4后里交流道約5分鐘，備有停車場。

1 灌木樹叢迷宮　2 公園的草皮　3 沙坑溜滑梯

02 豐原區 流星花園景觀民宿
彩虹微笑溜滑梯

溜滑梯有三層樓高，斜度依山彎曲延伸，下滑速度不會讓小朋友覺得過快，而且採全罩式設計，安全性很夠。滑道入口處的鐵板上，可以看到民宿老闆特別畫上大大的微笑圖案，就是希望透過溜滑梯，能夠讓大人和小朋友都發自內心的感到快樂。滑道的出口處，還有個逗趣的牌子寫著「標高 8,842mm」！

園區有個超大的彈珠台，只需到櫃檯用證件兌換超大彈珠，就可以讓小朋友玩得不亦樂乎。入口處還有很多藝術造景，非常適合愛拍照的旅客，尤其這些裝置特別浪漫，往往吸引情侶特別前往拍照留念。露營區的草皮也是看夜景的最佳據點，顯得特別浪漫！

Info
- ☎ （04）2515-1456
- 🏠 臺中市豐原區水源路坪頂巷 8 號
- 🕐 09:00-21:00
- 💲 入園低消 100 元／人
- 🚗 開車下國 4 豐原交流道約 20 分鐘。
- ⓘ 附有停車場，凡於餐廳消費之旅客，可免費停車，若無，則需停車費 100 元。

1 彩虹微笑溜滑梯
2 滑道入口的微笑圖案
3 園區一景
4 超大的彈珠台
5 入口處有很多藝術造景

03 太平區 新光國小
建築溜滑梯

溜滑梯從校園建築的 2 樓延伸到 1 樓，材質為磨石子，滑道共有兩個。雖然高度看起來頗高，但滑道稍為粗糙，下降速度不會很快，小幼童也可以很容易上手。溜滑梯為新建的校園建築，外表看起來相當新穎。

1 溜滑梯位於建築的左方　2 溜滑梯的兩個滑道

Info

📞（04）2395-6005
🏠 臺中市太平區新興路 200 號
🕐 週六 16:00-18:00
🚗 開車下臺 74 線太平交流道約 10 分鐘，路邊有收費停車。

04 北屯區 逢甲國小
火箭溜滑梯

特色溜滑梯共有兩座，一座為火箭溜滑梯，材質為鐵製，要爬上溜滑梯可不是靠常見的樓梯，而是需要從火箭的底部攀爬欄杆而上，好玩又新奇。另一座溜滑梯在操場另一側的小斜坡上，材質為磨石子，有雙滑道。逢甲國小不在熱鬧的逢甲商圈，而是座落在北屯山區的森林小學，環境相當清幽，校園還有保留一些古樸的動物模型；小學距離知名的「心之芳庭」（薰衣草森林相關企業）僅需 10 分鐘，建議可順道一遊。

1 火箭溜滑梯　2 火箭溜滑梯的入口　3 遊戲區中的體能設施　4 鐵製攀爬設施

05 北屯區 中中親子樂園
兩樓高溜滑梯

餐廳的遊戲區位於 2 樓，有餐廚玩具、積木、軌道玩具車、滑步車等多款玩具；溜滑梯的入口也位於此，滑道的出口在餐廳建築物的外面，屬於全罩式的旋轉溜滑梯，限定 3 歲以上的小朋友體驗，身高超過 150 公分的大人與小孩是禁止使用的。雖然溜滑梯有兩層樓高，但是斜度剛剛好，溜起來不會太快或太慢，安全度相當優良；家長也可以從 1 樓的監視器觀察小朋友在 2 樓的動態。1 樓有寶寶幼兒專區，這裡的兒童繪本收藏也相當用心，有許多是市面上已買不到的絕版好書。

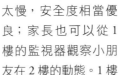

餐廳特別強調親子的互動，希望能提供一個場地讓親子共遊，餐點的部分特別推薦網友們大力讚賞的墨西哥烤肉餅，便宜又好吃，也因此每逢假日總是高朋滿座，建議提早預約唷！

1 溜滑梯出口在建築物外面　2 餐廚玩具　3 遊戲區位於 2 樓　4 挑高明亮的用餐區

06 北屯區 紙箱王
鐵製藝術溜滑梯

紙箱王在臺中有多個設點，北屯區的本舖，是遊樂設施最多、最豐富的旗艦店。這裡的溜滑梯，是以多根鐵條焊接而成，不只有獨特的美感，小朋友溜起來也是相當順暢，絲毫不會刮屁股，溜滑梯的旁邊即有大樹，因此夏天來玩也不會燙屁股唷！溜滑梯共有兩座，其中較高的約有兩層樓高，粉紅色的烤鐵漆相當美麗。另一個較小的溜滑梯，約有一層樓高，要從主建築屋旁邊的樓梯上去到閣樓，再從閣樓溜到戶外，從滑道的入口，還可以看到下方在點冰淇淋的客人咧！

Info

📞 （04）2239-8868#26、0916-512-752（假日專線）
🏠 臺中市北屯區東山路二段 2 巷 2 號
🕐 全年無休 09:00-21:00
$ 門票一律 200 元，100 公分以下兒童免門票，可抵消費 100 元
🚗 開車下臺 74 線松竹交流道後約 10 分鐘，備有停車場。

園內有大量的紙造型藝術裝置：紙風車、愛心小屋、比薩斜塔，甚至連小火車都是用紙做成的（會經過動物王國山洞，一次 50 元，營業到六點）。另外還有兒童泡腳池、交縱錯雜的鐵製藝術創作，讓遊客可以行走在屋頂上，孩童可以從小山洞鑽來鑽去，大人們也是忙著拍照到不可開交！

販售區有許多與紙相關的藝品，大人小孩都可以騎乘的紙搖馬（有不同的尺寸）。紙餐廳更將紙箱的用途發揮得淋漓盡致，不論是桌椅、飲料杯，連火鍋都是用紙特製而成的喔！

1 馬車後面就是鐵製溜滑梯　2 粉嫩的鐵製溜滑梯　3 溜滑梯材質不會粗糙　4 滑道的入口要先通往閣樓
5 再從室內溜到戶外　6 滑道的出口在戶外　7 園區的藝術造景　8 在屋頂上的鐵製藝術創作，可讓遊客行走在上面

07 北區 大樹先生的家
球池溜滑梯

　　大樹先生除了臺中分店，臺北另有兩家，皆是以夢幻球池著稱，溜滑梯材質為塑膠，滑道短小，適合幼童，球池的球定期清洗、更換新球，因此整體環境相當乾淨！大樹先生創立於 2014 年，致力於創造出完善的學齡前遊戲場所，因此超過 6 歲的孩童不得進入遊戲區，大人須著襪入場。館內還有黑板圖畫區、嬰幼兒專區、建構教具、角色扮演、泡泡機等（各時段遊戲區僅供用餐客人使用）；若壽星當日預約，還可享免費的布置場地唷！

Info

- 📞 （04）2235-2253
- 🏠 臺中市北區崇德路一段 212 號
- 🕐 11:30-14:30（中餐）、15:00-17:30（午茶，不供應正餐）、18:00-21:00（晚餐）
- 💲 6 歲（含）以下：清潔費 150 元（週間）／ 180 元（週末暨例假日），6 歲以上低消 180 元
- 🚗 開車下國 1 大雅交流道約 15 分鐘，路邊停車。

1 球池溜滑梯　**2** 多種教具　**3** 超夢幻的扮家家酒道具　**4** 黑板繪圖區

08 北區 文英兒童公園
樹屋沙坑溜滑梯

溜滑梯共有兩個滑道，材質為塑膠，底下連接的是白色的沙坑。小朋友可從旁邊的山坡草坪通往溜滑梯入口；也可再爬上溜滑梯的樓梯後，到旁邊的空中木棧道，通往迷人的小樹屋，樹屋底下是交錯設計的小型迷宮，讓孩子充滿探險的樂趣。此座公園有設計雨水回收系統，是座小而美的環保公園。

Info

📞（04）2231-4031（北區區公所）

🏠 臺中市北區三民路與興進路口（緊鄰香蕉新樂園）

🚗 開車下國 1 大雅交流道約 15 分鐘，路邊收費停車。

1 沙坑溜滑梯　**2** 樹屋底下是小型迷宮　**3** 樹屋

09 北區 黑白 pay 電商＆輕食 coffee
叢林探險溜滑梯

溜滑梯旁邊的壁畫以「叢林」為主題，搭配木造的溜滑梯，打造叢林探險的感覺。滑道為塑膠材質，分成全罩式和雙滑道。遊戲區還有餐廚玩具、大型軟式積木等。特別的是，餐飲還有早餐，價位相當親民。館方將網路購物與實體展售結合，提供更便捷的購物模式。

Info

📞（04）2233-9463

🏠 臺中市北區三民路三段 227 號

🕐 08:00-21:00，公休週一

💲 小孩門票 150 元，平日不限時，假日限時 2 小時，可抵消費 50 元，餐飲沒有低消限制

🚗 開車下國 1 臺中交流道約 10 分鐘，收費停車場。

1 全罩式溜滑梯與雙滑道溜滑梯　**2** 大型軟式積木

10 北區 國立自然科學博物館
貨櫃屋溜滑梯

占地廣闊的科博館，提供多元化的服務。貨櫃屋溜滑梯位於「科學中心」頂樓露天平檯，小朋友須從貨櫃屋後方開的門走上去，通過傾斜的貨櫃屋，才能到達滑道入口。溜滑梯旁有彩虹隧道。科學中心的 5 樓有幼兒科學園，限齡 3 至 8 歲，館內提供多種原木教具、繪本，潛水艇播放室旁有鱷魚、海龜標本。其他樓層則展示多種可操作趣味科學設施：大泡泡機、星空大轉盤、煙霧製造機、傾斜屋、科學樂器、半導體世界等。

貨櫃屋溜滑梯

Info
- 📞 （04）2322-6940
- 🏠 臺中市北區館前路一號
- 🕐 09:00-17:00，公休週一
- 💲 科學中心門票 20 元
- 🚗 開車下國 1 臺中交流道約 10 分鐘，收費停車場。

---

11 西區 小樂圓 Oden Good 和洋餐食
室內透明溜滑梯

溜滑梯位於室內，讓小孩在下雨或艷陽天，都有地方消耗體力，館內共分 2 層樓。溜滑梯採全罩式透明設計，入口位於 2 樓，出口直達 1 樓，對於幼童來說相當刺激有趣！餐點有親子餐廳少見的關東煮選項，戶外有沙坑；步行至精明商圈約 2 分鐘。

Info
- 📞 （04）2323-2888
- 🏠 臺中市西區精誠七街 17 號
- 🕐 11:00-21:00，週二公休
- 💲 每位大人低消 200 元，小孩低消 100 元
- 🚗 開車下國 1 中港交流道約 10 分鐘，備有停車場。

1 溜滑梯採全罩式透明設計
2 室內溜滑梯

12 西區 社區公園 磨石子溜滑梯

溜滑梯位於臺中市區內的小型公園,於 2017 年全新落成。溜滑梯材質為磨石子,順暢好溜。滑道總共有 3 個,其中一個較大面寬,另外兩個寬度正常,溜滑梯下方連接沙坑,家長們可以自備挖沙工具。公園的另一邊,還有體能滑翔器材。順帶一提,在公園附近的「賴永章小兒科」,為網友們票選「全臺最美的小兒科」。

磨石子溜滑梯下方連接沙坑

Info

📞 (04) 2224-5200(西區區公所)
🏠 臺中市西區大全街和朝陽街交叉口
🚗 開車下國 1 中港交流道約 10 分鐘,備有停車場。

13 東區 大魯閣新時代購物中心 空中飛梯

全新換裝開幕的購物中心所打造的「立體螺旋溜滑梯」,共有兩個滑道,入口分別位於 2 樓和 3 樓,其中 3 樓滑下的飛梯全長達 16 公尺、垂直高度達 9.4 公尺,只要 9 秒即可從 3 樓到達 1 樓,途中會迴旋了好幾圈!由於屬全罩式設計,因此溜滑梯內部可以說是黑暗無比,對於小朋友而言可是需要一些勇氣!雖然玩一次的費用不便宜,但官方時常推出不同的特惠活動,例如館內消費滿額贈送遊樂券一次、半價優惠、著限定服裝享有特惠等,建議先上官網查詢優惠活動。

Info

📞 (04) 3611-8888
🏠 臺中市東區復興路四段 186 號
🕐 11:00-22:00,假日 10:30 營業
💲 2 樓溜滑梯限定 5 歲／100 公分以上,60 元／次;3 樓溜滑梯限定 7 歲／120 公分以上,90 元／次
🚗 開車下國 1 中港交流道約 20 分鐘,備有付費停車場。

1 玩溜滑梯會穿戴防護措施　**2** 購物中心有各式合影公仔

14 東區 黃金堡親子樂園
球池溜滑梯

喜歡騎士堡的朋友們，更不容錯過這間親子大型室內遊樂場所，票價較便宜，且有年齡區分，對於有幼童的家長，是個更令人安心的親子場所；親子館位於臺中火車站旁（約550公尺），不論是搭火車、客運或自行開車都相當方便。

親子館 1 樓適合 6～12 歲兒童遊樂，2 樓適合 1～6 歲幼童遊樂，有電動賽車場、餐廚玩具區、七彩燈球池、高爾夫球場、X-Box 體感運動教室，有場次限定。這裡的溜滑梯的入口有多個通道，有樓梯、攀爬設施，讓空間更充滿探索的樂趣，溜滑梯共有三個滑道，下方接連接球池，讓緩衝達到最佳效果。在親子館入口處旁是用餐區，販售炸物、義大利麵、爆米花、冷飲等。

Info

📞（04）2225-1877

🏠 臺中市東區南京路 147 號

🕘 09:30-20:00，最後一個星期二公休（大型消毒日）

💲 會員 395 元，非會員 550 元（平日不限時間且含 1 大人，假日限 3.5 小時，大人另付 120 元）

🚗 開車下國 1 臺中交流道約 20 分鐘，備有停車場（鄰近臺中火車站）。

1 球池溜滑梯　**2** 球池溜滑梯的全罩式滑道
3 溜滑梯入口之一　**4** 位於 2 樓的電動賽車場

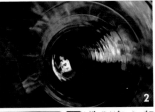

15 中區 紅點文旅
潮梯

　　這裡的溜滑梯不只潮，更是好玩！長度 27 公尺的不鏽鋼溜滑梯，是臺中相當知名的潮梯。由於溜滑梯是屬於全罩式，因此內部有如黑洞般，小朋友要進去需要有點膽量。溜滑梯並沒有特別限定使用者的年齡、體重，連身高 200 公分的哈孝遠，都挑戰過潮梯，可見品質相當優良。使用溜滑梯前，須先向櫃檯借滑草板，即可體驗 15 秒內從 2 樓滑至 1 樓。旅館的前身是一棟 35 年的舊飯店，這座溜滑梯也象徵著時光隧道，裡面的光影折射，如同記憶不斷流轉，帶領您進入臺灣早期的美好年代！

Info

📞 （04）2229-9333
🏠 臺中市中區民族路 206 號
🕐 早鳥場 11:00-12:00，午茶場 15:00-18:00（目前僅開放住客使用）
🚗 開車下國 1 臺中交流道往市區方向約 20 分鐘，備有免費特約停車場。

1 不鏽鋼溜滑梯　2 潮梯入口　3 潮梯出口
4 連電梯都別有巧思　5 典雅的大門玄關

16 西屯區 Hide & Seek 嘻遊聚親子餐廳
球池溜滑梯

　　店名取意為躲貓貓，是媽媽們跟孩子最一開始的互動遊戲。這裡的球池溜滑梯，連球池的球都是老闆娘細心特別請廠商開模，皆印有專屬的 LOGO 及「CE」認證的標章；滑道共有三個，溜滑梯下方也特別設計隱密的躲藏空間，增加不少探險的樂趣。另外，嬰幼兒專區也特別引進德國無毒環保的 HABA 遊戲器具，木製短小的滑道，完全是為小幼童所設計。環境設計採北歐森林風，寬敞又舒適。這裡還有個特別的地方，就是擁有全臺最大和最小的扭蛋球，凡是點兒童餐，可玩大扭蛋一次。

Info

- 📞 （04）2462-5266
- 🏠 臺中市西屯區國安一路 168 號 B1-1（米平方商場內）
- 🕐 11:00-14:00　14:30-17:30　18:00-21:00，目前採用電話預約，每月最後一週的星期二為公休日，會請廠商做全店大消毒及清潔
- 💲 餐廳大人低消平日 200 元 +10%，假日 250 元 +10%，遊戲區僅供用餐客人另外付費使用（僅供身高 75～140 公分的兒童），遊戲區的費用，平日 300 元，假日 350 元
- 🚗 開車下國 1 臺中交流道約 5 分鐘，消費可折抵 2 小時停車場費。
- ℹ️ 大人進入遊戲區須著襪。

1 球池溜滑梯　**2** 溜滑梯的滑道
3 嬰幼兒專區的溜滑梯　**4** 角色扮演教具

17 龍井區 綠朵休閒農場
木屋溜滑梯

農場的溜滑梯位於乾淨寬敞的草皮上，滑道共有兩邊，分成全罩式和普通款。木屋的下方是廚房玩具。農場屬於寵物親善餐廳，可以帶家裡的毛小孩來這裡一起野放。餐廳外觀以大鋼琴為建築造型，前方有魚池。龍井這一帶因地處高地，有許多夜景餐廳，而綠朵農場的景緻也是不遑多讓，是欣賞臺中夜景及看夕陽的好地方。

Info

📞（04）2652-2125
🏠 臺中市龍井區臺灣大道六段 85 號
🕐 平日 14:30-23:45，假日 11:00-23:45，公休週二
💲 餐廳低消 150 元／人，學齡前免低消
🚗 開車下國 3 龍井交流道後約 5 分鐘，備有停車場。

1 戶外溜滑梯　2 庭園景觀餐廳　3 園區一景

18 外埔區 布英熊文化創藝館
沙坑溜滑梯

園區不收門票，位於戶外的沙坑溜滑梯也非常大方地開放讓遊客們使用，溜滑梯的材質為塑膠，下方連接潔白的沙坑。園區主打帆布包，遊客們可以到此玩 DIY 蝶谷巴特拼貼，縱使裁縫臺商紛紛到中國設廠，老闆依舊堅持深耕臺灣，也可以直接買成品回家。幼童可以選擇黏土 DIY 課程（150 元起），現場 DIY 有專業人員教學指導（17：00 前）。餐廳提供平價咖啡、簡餐，團體可預約合菜喔！

Info

📞（04）2683-9818
🏠 臺中市外埔區中山里中山路 339 號
🕐 09:30-18:00（寒暑假期間不休館）
🚗 開車下國 1 外埔交流道後約 5 分鐘，備有停車場。

1 沙坑溜滑梯側面　2 創藝館大廳入口處

1 小型樹屋溜滑梯　　**2** 樹屋溜滑梯的後方為入口　　**3** 2樓的活動室有各式探索小屋　　**4** 各式體能教具

19 沙鹿區 沙鹿兒童福利中心
多款溜滑梯

　　館方為全室內的親子場所。須辦理兒童證（健保卡及1吋照片）才能進入2樓的活動室，限齡7歲以下。空間有百餘坪，全區皆鋪上軟墊，有多款各式各樣的溜滑梯，如海盜船、叢林系列等，都相當適合學齡前的兒童；還有大小積木、餐廚玩具、平衡大肌肉訓練、釣魚池等遊具，1樓也有遊樂設施及小型的樹屋溜滑梯，不需辦證即可使用。

Info

 （04）2635-2551
臺中市沙鹿區福幼街8號
8:30-12:00，13:30-17:00，週一公休
 開車下國3沙鹿中交流道後約8分鐘，路邊停車。

20 東勢區 東勢林場遊樂區
超長溜滑梯

　　以螢火蟲聞名全臺的東勢林場，園區占地相當廣大，有餐廳、住宿區還有露營區。園區還有多種適合小朋友的設施：瓢蟲山、侏儸紀公園、蝴蝶館、溫泉泡腳區、攀爬繩纜等；其中還有一座超長溜滑梯材質為磨石子，底部有連接小石池子；體能訓練場共分為兩大區域，一個位於入口不遠處，有滑草場、彈跳床、大小泰山、乘虛御風。若為團體前來，還可預約 DIY 貓頭鷹筆筒、甲蟲陶藝彩繪（皆為 100 元／份）。

Info

📞（04）2587-2191

🏠 臺中市東勢區勢林街 6-1 號

🕐 全年無休 06:30-22:00，體能訓練場到 17:00

💲 3 ～ 6 歲及 65 歲以上 125 元；7 ～ 12 歲 200 元；成人 250 元

🚗 開車下國 4 豐原交流道約 25 分鐘，備有停車場。

ℹ 車輛停車收費標準：大型車收費 100 元（包含中型巴士），小型車收費 50 元（包含九人座轎車），機車收費 30 元。

1 超長溜滑梯　2 滑草區　3 瓢蟲山　4 彈跳床　5 侏儸紀公園

21 潭子區 大木塊休閒農場
飛機溜滑梯

　　農場的溜滑梯共有兩座，其中一座是飛機溜滑梯，小朋友須從後方的攀爬繩網，通過機艙，才能到滑道入口，滑道的材質為塑膠滾輪，相當特別；另一座溜滑梯為臺灣早期的復古大型城堡溜滑梯，保養得很好，安全性依舊！農場提供團體豐富的親子 DIY 活動：貓頭鷹磁鐵、肉圓、Pizza、彩繪手擲滑翔機，依時節還提供各種親近大自然的行程：插秧、採有機蔬菜、挖馬鈴薯等。園區還有沙坑、小動物區、體能輪胎場！

Info

📞 （04）2535-4391
🏠 臺中市潭子區大富路一段104 號
🚗 開車下國 1 大雅交流道約15 分鐘，備有停車場。
ℹ️ 團體預約制（30 人以上），務必先事先洽詢農場。

1 飛機溜滑梯　2 飛機溜滑梯的機艙　3 飛機溜滑梯的滑道　4 復古大型城堡溜滑梯　5 攀爬大輪胎

22 神岡區 圳前仁愛公園
空軍溜滑梯

是一座以「空軍」為主題設計的公園。園內有飛機跑道、停機坪觀景台，最受歡迎的莫過於機堡上的沙坑區，大面寬的溜滑梯也位於此處，材質為磨石子順暢好溜，底部就是沙坑，有很好的緩衝區。小朋友可以從旁邊的樓梯走上去，也可以繞著圓形的機堡沙坑區到達此處，旁邊還搭配多種體能區：攀岩（腳踏板的造型也特別用飛機做為模型）、攀繩、欄杆，累了可在山洞內休息一番。公園內的後方還有一座海盜船溜滑梯，步行約2分鐘即可到達，周邊有自行車道，每逢假日人潮相當洶湧。

Info
- 📞（04）2562-0841（神岡區公所）
- 🏠 臺中市神岡區中山路 1688-5 號
- 🚗 開車下國 4 神岡交流道約 6 分鐘，備有停車場。

1 體能設施　2 園區一景　3 大面寬溜滑梯　4 海盜船溜滑梯　5 戲水區

1 戶外溜滑梯　**2** 遮陰溜滑梯與沙坑　**3** 球池

㉓ 大雅區 赤腳丫生態農場
沙坑溜滑梯

　　溜滑梯共有兩座。一座為大型戶外的溜滑梯，整個溜滑梯圍繞在球池遊戲室的左右兩側，總共有三個滑道，有城堡滑道、迴旋滑道和全罩式滑道。另一座小型的溜滑梯位於園區後方的遮陰沙坑區旁，是個復古的大象溜滑梯，滑道短小，適合幼童；夜晚會打燈，小朋友依舊可以在城堡溜滑梯探險。一進入園區即可看到舒適的大草皮、綠廊隧道、戲水區、摸蛤仔兼洗褲區，還有多種可愛動物。

Info

- 📞 （04）2569-0735
- 🏠 臺中市大雅區雅潭路三段 500 號
- 🕐 全年無休 10:00-21:00，假日提早 09:30 入園
- 💲 身高 100 公分以上門票 150 元，滿 1 歲身高 100 公分以下及 65 歲以上，門票 100 元，50 元可折抵消費
- 🚗 開車下國 1 大雅交流道約 8 分鐘，備有停車場。

24 后里區 沙發后花園
瓢蟲溜滑梯

　　園區為提供心智障礙青年訓練所而設立餐廳，餐廳前方的的草皮上，有復古的紅色瓢蟲溜滑梯，滑道短小，適合幼童，旁邊有另一座溜滑梯，適合較大一點的兒童，室內的兒童遊樂區也有一座簡易的溜滑梯。餐廳提供平價餐點，展售區有商品義賣。園區的地點不太好找，建議接近目的地時，可請當地人指引抵達的路線。

Info

📞 （04）2557-7050
🏠 臺中市后里區泰安里福興路 59-8 號
🕐 09:30-17:00，週一、二公休
💲 120 公分以上低消 150 元、90 ～ 120 公分低消 100 元
🚗 開車下國 1 后里交流道約 15 分鐘，備有停車場。

1 瓢蟲溜滑梯位於餐廳前方　**2** 瓢蟲溜滑梯　**3** 遊樂設施之一
4 攀岩溜滑梯　**5** 古早集水器

25 南屯區 豐樂雕塑公園
大平臺溜滑梯

溜滑梯的平臺通常都是小型的踏板，但是這邊的溜滑梯的踏板相當大，甚至還有寬度不小的斜坡從平臺延伸到地面，雖然用途不明，但是還蠻另類的。旁邊還有另一座大型塑膠溜滑梯。公園的草皮占地不小，還有綠樹散步廊道。

Info

📞 （04）3504-4259
🏠 臺中市南屯區文心南七路 300 號
🚗 開車下國 1 南屯交流道約 10 分鐘，
　　路邊付費停車。

1 大平臺溜滑梯
2 溜滑梯的斜坡從臺台延伸到地面
3 公園的廁所有海洋馬賽克拼貼
4 綠樹散步廊道

1 火箭溜滑梯　2 長頸鹿盪鞦韆　3 搖搖馬　4 鐵製攀爬設施

26 南屯區 春安國小 火箭溜滑梯

　　校園總共有 5 座溜滑梯，其中最具特色的是火箭溜滑梯，滑道有兩邊，材質為鐵板，小朋友須從火箭底部攀爬而上，滑道的入口在第二層，也可以登高爬上第三層探險；還有一座是磨石子雙向滑道溜滑梯，是校園內歷史最悠久的溜滑梯；一座是小型攀岩溜滑梯，另外兩座為塑膠溜滑梯。校園還有許多古樸的鐵製攀爬設施、網室練球場。是間功能相當齊全的特色小學。

Info

📞（04）2389-4408
📍 臺中市南屯區春安路 109 號
🕐 05:00-07:00、17:30-20:00；假日 05:00-20:00
🚗 開車下國 1 南屯交流道約 10 分鐘，路邊停車。

27 梧棲區 頂魚寮公園
鯨魚溜滑梯

　　鯨魚溜滑梯就位於公園的入口，藍色亮眼的外表，馬上就吸引小朋友的注意。小朋友可以鑽進鯨魚正面的大嘴巴，滑道是位於鯨魚的尾巴。滑道的前方還有兩隻鯨魚公仔。整修後的公園特別以海浪、漁網、浮標作為藝術裝置，另外還有彩色木椅、漁船內有故事牆、小灌木叢迷宮。此處位於梧棲漁港附近，風較大，適合放風箏，也記得幫小朋友多準備防風的衣物唷！

Info

⌂ 臺中市梧棲區八德東路

🚗 開車下國 4 清水交流道約 10 分鐘，備有停車場。

1 鯨魚溜滑梯　**2** 小朋友可以鑽進鯨魚的大嘴巴　**3** 特色造型搖搖馬　**4** 有一片不小的草皮　**5** 小灌木叢迷宮
6 漁船內有故事牆

南投

南投擁有豐富的森林資源，這裡的溜滑梯也多為森林系路線，像是鳳凰谷鳥園的超長磨石子溜滑梯，旁邊綠樹成蔭，即使夏天也可感受到涼意；清水和水尾國小，群山環繞，顯得特別清幽。

01 埔里鎮 桃米親水公園
黝黑溜滑梯

這裡的溜滑梯滑道為黑色石子，碰到水後，在太陽底下會顯得特別黝黑發亮，滑道共有兩個，斜度和高度都不大，不過因為下面是連接水池，不少小朋友可是不敢挑戰呢！水池不深，大約到孩童膝蓋；水池採用山泉水，水質清澈，相當清涼，埔里的好「水」果然不同凡響；另外還有按摩小水柱、噴霧拱門等設施。值得一提的是，公園內的公廁是利用「太陽能光電再生能源系統」，具有環保教育意義。

Info

📞 （049）291-8030

🏠 南投縣埔里鎮桃米里桃米巷 29 號

🕙 10:00-17:00（冬天和非暑假平日不開放）

🚗 開車至臺 21 線，於 51 公里處左轉進入即可抵達，路邊停車。

1 溜滑梯
2 冰涼消暑的山泉水
3-4 園區一景

02 埔里鎮 幸福童話親子民宿
卡通主題溜滑梯

緊鄰在桃米親水公園旁的親子民宿，多間房型擁有不同的主題溜滑梯，有小朋友喜愛的卡通電影為模型，也有森林系蘑菇溜滑梯、紅磚碉堡溜滑梯。有的溜滑梯下方規劃為小朋友的臥舖，有的則為遊戲空間。戶外的公共空間有一座木質溜滑梯，登上溜滑梯的 2 樓還有提供望遠鏡可以眺望桃米的好山好水。溜滑梯前方則是賽車道，有多款電動車可以選擇！

Info
- 📞 0965-066755
- 🏠 南投縣埔里鎮桃米巷 31-2 號
- 🚗 開車下國 6 愛蘭交流道約 10 分鐘，備有停車場。

1 森林系蘑菇溜滑梯
2 紅磚碉堡溜滑梯
3 卡通主題溜滑梯
4 戶外木質溜滑梯的前方為賽車道
5 下午茶

1 鐵製成的飛機　2 兩頭大象並排的溜滑梯
3 連盪鞦韆都有復古風味　4 一字排開的鐵製遊樂器材

03 埔里鎮 愛蘭國小
兩頭大象溜滑梯

　　在臺灣較古老的國小，不難看到復古的大象溜滑梯，不過愛蘭國小的大象溜滑梯可是兩頭大象並排的特色溜滑梯，共有四個滑道，滑道順暢好溜。大象溜滑梯位於正門直直走的最後方，由於校園占地廣大，如果不仔細找，可是很容易錯過這兩頭大象唷！

　　小朋友一進入校園，馬上就會被一字排開的鐵製遊樂器材吸引走，這裡有各種復古的鐵飛機、鐵欄杆，連盪鞦韆都在鐵城堡裡！校園古木參天，還有林道可以繞校園一周，途中會經過拱橋，即使是夏天來，也能感受到涼爽的微風。是一間令人非常舒服的小學。

Info

📞（049）291-2514
🏠 南投縣埔里鎮鐵山路 7 號
🕐 除上課時間（07:30-16:00）皆可進入
🚗 開車下國 6 愛蘭交流道約 6 分鐘，路邊停車。

1-2 位於森林裡的兩頭大象溜滑梯　3 森林系校舍
4 校園一景　5 樓梯通往太陽能發電廠

04 埔里鎮 水尾國小 兩頭大象溜滑梯

　　是間名副其實的森林小學，一個班級人數不超過 10 人。兩頭大象溜滑梯，相對而視，靜靜地座落在草地上。材質為古樸的磨石子，每座都有兩個滑道。校園還有一個小型的塑膠溜滑梯，和多個古樸的鐵製遊樂欄杆器材。校園的建築也別有特色，有種森林小屋的夢幻感，處處有別緻的木屋涼亭、花卉造景。

Info

📞 （049）293-2506
🏠 南投縣埔里鎮－新里永豐路 92 號
🕐 除上課時間（07:30-16:00）皆可進入
🚌 開車下國 6 北山交流道約 6 分鐘，路邊停車。

05 集集鎮 DeJiJi 親水童年
戲水溜滑梯

專為兒童設計的水樂園，溜滑梯結合多種噴水設備，小朋友必定覺得刺激好玩。旁邊還有噴水青蛙、水中腳踏車、灑水隧道，甚至還有特別為 1 歲以下寶寶設計的彈跳盪鞦韆，水的高度很淺，嬰幼兒皆適合，園區設備相當新穎可愛，建議攜帶泳裝，若無也可以進入池內，嬰兒則需購買防水紙尿褲方能進入（淋浴室備有溫水）。假日傍晚會有水舞秀。冬季親子餐廳持續營業，提供中、西式套餐、火鍋、義大利麵及輕食飲品。遊戲區有廚房玩具、球池、跳跳馬、積木；戶外有沙坑、跳床等設施。櫃檯押證件可租借玩具，如益智玩具、桌遊、公主裝等。

Info

📞 （049）276-1177
🏠 南投縣集集鎮成功路 228 號
🕙 10:00-18:00，主題餐廳營業至 20:00，週二公休
💲 1 歲以上兒童票 150 元；成人票 250 元，100 元可抵消費
🚗 開車下國 3 名間交流道約 15 分鐘，備有停車場。

1 園區設備相當新穎可愛　2 園區戲水設備
3 室內遊戲室　4 跳床

1 復古溜滑梯　2 鐵製溜滑梯
3 大型城堡溜滑梯　4 園區一景
5 竹林

06 竹山鎮 青竹文化園區
復古城堡溜滑梯

園區的草皮上有兩座臺灣早期的復古溜滑梯，其中一座為鐵製的，滑道的上方有全罩式的鐵桶，另一座為大型的城堡溜滑梯，共有三個滑道。溜滑梯就座落在竹林旁，別有一番休閒風味。

全世界的竹子約有 1,200 種，這裡的種類就超過 100 種，特殊品種如實心的印度實竹、紅色的日本紅竹、還有一天長高 120 公分（最佳紀錄）的巨竹，顛覆了一般人對竹子的認知；而臺北市木柵動物園熊貓吃的竹子，也是產自於此地。餐廳則提供獨特餐點：純淨竹炭麵、竹炭冰淇淋、吃得到竹膜的竹筒飯！

Info

📞 （049）262-3928
🏠 南投縣竹山鎮富州里富州巷 31 號
🕐 09:00-17:00，週二、三公休
💲 門票 100 元，3~12 歲、65 歲以上及身障人士 80 元
🚗 開車下國 3 竹山交流道約 12 分鐘，備有停車場。

07 南投市 嘚嘚茶語共和複合式餐飲
木屋溜滑梯

　　店家名字的「嘚嘚」（ㄉㄟˇㄉㄟˊ）是臺灣人從老人到幼童共同的語言；這裡的溜滑梯共有兩座，一座是木屋溜滑梯，由小型的攀岩牆通往滑道，另一座是氣墊溜滑梯，園區雖然不大，但還有一區可以划小船，還有多種騎乘玩具。園區販售臺灣道地的茶飲、咖啡、義大利麵、還有鬆餅。

Info

📞 （049）224-2097
🏠 南投市府南二路 148 號
🕐 全年無休 11:00-20:30
💲 低消 120 元 / 人
🚗 開車下國 3 南投交流道約
　 10 分鐘，備有停車場。

1 攀岩牆　2 木屋溜滑梯

08 草屯鎮 南埔二期農地重劃區
古樸溜滑梯

　　這是一處在地的小公園，溜滑梯是臺灣早期鐵製的復古溜滑梯。小朋友須從後方爬過一個個鐵圈，就可以從鐵板滑道溜下去。公園有個長頸鹿溜滑梯。此處距欣隆農場約 3 分鐘車程，農場免費入場，以菇類為主題，戶外有很大的體能設施。

Info

🏠 南投縣草屯鎮南坪路和青宅
　 巷交叉口
🚗 開車下國 3 草屯交流道約
　 8 分鐘，路邊停車。

1 古樸的溜滑梯　2 小小的在地公園　3 欣隆農場體能設施

新竹　苗栗　臺中　南投　彰化

107

09 中寮鄉 清水國小 大象溜滑梯

校園總共有三種特色溜滑梯，其中一座是彩繪大象溜滑梯，第二座大象保留原始色彩，底下連接小白石池，最後一個則是從教室前方延伸的溜滑梯，材質為磨石子。清水國小是座森林小學，經 921 校舍倒塌後，以木屋重建，充滿了歐日度假風情。龍鳳瀑布距此僅 5 公里，有近年相當熱門的空中步道，建議可以安排中寮鄉半日遊。

Info

- 📞 （049）260-1079
- 🏠 南投縣中寮鄉清水村瀧林巷 3 號
- 🕐 平日 16:00 過後，假日、寒暑假開放整日
- 🚗 開車下國 6 草屯交流道約 30 分鐘，備有停車場。

1 彩繪大象溜滑梯　　**2** 彩繪大象溜滑梯入口處
3 原始色彩大象溜滑梯　　**4** 從教室前方延伸的溜滑梯

1 森林步道　**2** 森林長坡溜滑梯　**3** 滑道蜿蜒曲折　**4** 滑道入口
5 在這可以零距離觀賞鳥兒

10 鹿谷鄉 鳳凰谷鳥園生態園區
森林長坡溜滑梯

　　溜滑梯沿著山坡而建，共有兩個滑道，材質為磨石子，滑道有多個小小的蜿蜒曲折之處，讓溜起來的感覺添加了不少樂趣。溜滑梯旁邊綠樹成蔭，夏天來也不會過於曝曬。園區屬於國立自然科學博物館，門票相當便宜，可以觀賞各種鳥禽，還有特別搭建的棚子，能夠零距離觀賞鳥兒；體力好的小朋友，可以在森林步道散步，觀賞瀑布。

Info

📞 （04）9275-3100
⌂ 南投縣鹿谷鄉仁義路 1-9 號
🕐 除農曆除夕固定休園，每日 09:00-17:00
💲 成人 40 元，國小以上 20 元
🚌 開車下國 3 竹山交流道約 30 分鐘，備有收費停車場。

彰化

擁有得天獨厚的地理環境，能孕育多種類的水果，這邊的溜滑梯也將水果造景融入於設計中，充滿濃厚的在地特色。而臺灣早期最長的磨石子溜滑梯，也是在彰化喔！

01 彰化市 華陽公園
探索滑梯

外觀不起眼的公園，在穿越蓊鬱的林道後，竟然隱藏幾座非常具有特色的溜滑梯：有底部連接沙坑的大型塑膠溜滑梯、有沿坡而建的磨石子溜滑梯，還有一座最特別的全罩式紅色溜滑梯。通往滑道入口有多種方法：可以走繩網吊橋，也可以從旁邊的斜坡或是攀網而上，不過由於攀網的洞孔較大、難度較高，請家長特別當心幼童的安全喔！

Info

📞 （04）722-4163
🏠 彰化縣彰化市南郭路一段 370 號
🚗 開車下國 1 王田交流道約 18 分鐘，備有停車場。

1 磨石子溜滑梯
2 全罩式紅色溜滑梯
3 通往滑道入口的方法之一
4 沙坑溜滑梯

02 員林鎮 百果山公園
葡萄超長溜滑梯

「百果山」名稱的由來，是由於附近山區種植非常多樣的水果，沿路也可見許多販賣蜜餞的攤販喔！

這裡的溜滑梯可說是臺灣早期最長的磨石子溜滑梯，依斜坡而建，左右兩邊有樓梯可以走上去溜滑梯的入口，右邊坡度較緩，長度較長，下滑速度較慢；左邊的長度較短，傾斜度較大，下滑速度快很多。溜滑梯還有巨型葡萄的地景，融合了當地的特產。公園裡還有一座古老的大象溜滑梯，和許多復古鐵製攀爬設施、動物雕像。假日會有一些兒童電動遊樂設備的廠商、小吃攤進駐。

1 復古攀爬設施　2 大象溜滑梯側面照
3 大象溜滑梯滑道出口　4 百果山溜滑梯全景

Info

- （04）834-7171
- 彰化縣員林鎮出水里出水巷 12 號
- 開車下臺 76 線林厝交流道 5 分鐘，路邊停車。

1 梁龍溜滑梯　**2** 三角龍攀岩區　**3** 霸王龍襲擊大公車的造景　**4** 暴龍襲車的造景　**5** 恐龍鞦韆

03 員林鎮 百果山探索樂園
恐龍溜滑梯

　　探索樂園距離百果山公園驅車僅需 2 分鐘即可到達。這裡可是中部地區著名新興的恐龍樂園。以梁龍為造型的特色溜滑梯當然也是不容錯過的項目，小朋友可以從梁龍的頭樓梯走上去，再從尾巴的滑道下來；另外在兒童趣味探索館也有室內的溜滑梯。

　　除此之外，還有許多可互動的恐龍特區，像是三角龍攀岩區、雙脊龍騎乘、恐龍鞦韆、霸王龍襲擊大公車、慈母龍下蛋等，都是小朋友喜愛的項目！園區依山而建，逛累了也有軌道纜車可搭乘，直接從入口處到達 VR 恐龍射擊、影片專區！另外還有沙坑、體能彈跳網、DIY 手工教室、親子餐廳。

Info

📞（04）836-9411
🏠 彰化縣員林鎮出水里出水巷 15-30 對面
🕐 10:00-18:00，假日延長至 18:00，公休週一
💲 全票 350 元，110 公分以上兒童 200 元
🚗 開車下臺 76 線，26- 林厝號出口交流道 5 分鐘，備有免費停車場。

04 溪湖鎮 沐卉親子農場
樹屋溜滑梯

　　樹屋溜滑梯結合農場的大樹，小朋友須爬上搭在樹上的平臺，才能到滑道入口，相當在地化，但樹屋縫隙很大，要特別當心小朋友的安全。另外還有兩座溜滑梯，一個是大型的綜合溜滑梯，共有三個滑道，結合多種探索功能：繩索攀爬、欄杆、洞穴，另一個是瓢蟲戲水溜滑梯。

　　農場有寬敞的草坪、一整片的黑板圖畫區、數個彈簧跳跳床（周邊有防護措施）。其中最特別的是手搖船，限重 100 公斤以下，因此大人可陪同還不會划船的幼童，共同在湖面上探險喔！在溼地旁邊有多種動物：小豬、羊兒、馬，可以買飼料餵食。

Info

📞（04）881-7291
🏠 彰化縣溪湖鎮頂庄里崙子腳路 5-22 號
🕐 假日 09:00-18:00，平日須預約
💲 3～6 歲 100 元，6 歲以上 200 元
🚗 開車下國 3 溪湖交流道約 2 分鐘，備有停車場。

1 溜滑梯　**2** 夏天開放帆布水道　**3** 瓢蟲戲水溜滑梯　**4** 手搖船遊溼地　**5** 黑板圖畫區

05 北斗鎮 愛玩色創意館
故事溜滑梯

御麟企業是臺灣早期生產膠水的大廠，而後致力研發無毒系列的彩繪顏料，並通過各項嚴格的檢驗，如「無粉塵的液態粉筆」。創意館提供全程導覽，約 100 分鐘，而這裡的溜滑梯是必須配合專業的導覽，隨著導覽故事情節，讓小朋友從溜滑梯洞口逃生唷（並不是開放給遊客們任意使用）！除了一開始的企業歷史沿革，還有互動故事、親子塗鴉、調色介紹，以及「DIY 神奇彩繪創意貼」，可以隨意貼於光滑的物體表面並重複使用！

1 警報響了！大家快從洞口逃生吧！
2 滑道出口會直接通往下個導覽區

Info

- 📞 （04）888-6016
- 🏠 彰化縣北斗鎮三號路 296 號
- 🕐 09:00-17：00，週一公休
- 💲 三歲以上門票 150 元，需事先電話預約
- 🚗 開車下國 1 北斗交流道約 6 分鐘，備有停車場。

06 和美鎮 探索迷宮歐式莊園餐廳
歐式溜滑梯

園區外觀建築相當氣派，園內更是處處呈現迷人的歐式風情，溜滑梯完全融入造景之中；溜滑梯材質為塑膠，雙滑道，上頭有鈴鐺小鐘樓；看起來美輪美奐的池子，是可以下去戲水的喔！園區共有 5 個沙坑，後方有個灌木叢迷宮，綠油油的草地上有射門網，可至櫃檯租借足球。秋冬前來，還能觀賞到轉紅後的落羽松！假日人潮洶湧，強烈建議提早預約。

1 歐式溜滑梯　2 落羽松

Info

- 📞 （04）735-4126
- 🏠 彰化縣和美鎮東谷路 47-75 號
- 🕐 全年無休 10:00-21:00，假日提早至 09:00 營業
- 💲 門票 150 元，100 公分以上兒童票 100 元，可全額抵消費
- 🚗 開車下國 1 王田交流道約 10 分鐘，備有停車場（農會後方）。

07 大村鄉 大村國小
磨石子溜滑梯

重建後的校園，處處是色彩繽紛的馬賽克牆，連建築物也色彩鮮明。大村鄉有個當地特色「燕子」，因此校園處處可見以燕子為主題的藝術造景。溜滑梯位於校園右方的操場上，模樣與當地著名的百果山公園溜滑梯有點雷同，都有當地特產「葡萄」的圖騰。而這邊的滑道造型多元，共有四個，其中一個帶點弧度，彎曲有線條，一個滑道的面寬較大，讓小朋友有不同的體驗。溜滑梯可以從樓梯走上去，也可以攀爬旁邊的繩索坡道。除此之外，校園還一座鐵製的古樸溜滑梯和常見的塑膠溜滑梯。

Info

- （04）852-2794
- 彰化縣大村鄉大村村中正西路 381 號
- 除上課時間外全天開放
- 開車下臺 76 線埔心交流道 10 分鐘，路邊停車。

1 溜滑梯與繩索坡道　**2** 滑道的左右兩邊特別以葡萄為背景　**3** 溜滑梯的左邊為繩索坡道　**4** 校園彩繪牆

雲林

有「農業首都」之稱的雲林，農場、農莊都非常具有在地特色，呈現出特有的鄉村風情，適合喜愛輕旅行漫遊的遊客；而這裡的溜滑梯，有全國首創的厚紙板溜滑梯。

01 西螺鎮 童心園
西班牙建築旁的溜滑梯

　　這裡的溜滑梯雖然外觀沒什麼特別的地方，不過它座落在充滿西班牙風情的的建築物旁邊，頓時成了拍照取景的好地方。此處原為舊西螺自來水廠的辦公室，在道路拓寬時面臨被拆除的命運，幸好在地方人士的力保和設計師的巧手下，蛻變成為獨具風格的特色公園。建築物在夜間經由燈光的投射下，比白天多了幾分浪漫情懷！溜滑梯下方連接著沙坑，此沙坑綿延到旁邊一整排的運動器材。溜滑梯距西螺老街約 3 分鐘車程。

1 西班牙建築旁的溜滑梯　2 公園入口　3 溜滑梯下方連接著沙坑，沙坑上有幼童坐騎

Info

☎ （05）533-2000（斗六市公所）

⌂ 雲林縣斗六市中山東路旁的公園

🚗 開車下國 1 北斗交流道約 10 分鐘，路邊停車。

02 西螺鎮 雲林縣兒童福利服務中心
色彩繽紛溜滑梯

別名「西螺兒福館」，限定 0 至 6 歲兒童進入的親子館，必須攜帶健保卡，檢查後方能入場。遊戲區占地非常廣大，假日也不會顯得太擁擠，有適合 3 至 6 歲的大型溜滑梯，滑道共有 4 個，色彩繽紛，小朋友必定玩得不亦樂乎。這座綜合型大型體能運動區，還有一個滾輪式溜滑梯；0 至 3 歲的專區，有小型、軟式溜滑梯。另外還有吊單槓、可以爬的輪胎和網繩、利用不同材質組成的斜坡。

Info

📞（05）587-8585
🏠 雲林縣西螺鎮中山路 227 號
🕐 09:00-12:00，13:30-16:30；公休週一、二
🚗 開車下國 1 北斗交流道約 10 分鐘，備有停車場。

1 大型綜合溜滑梯　2 滾輪溜滑梯　3 綜合溜滑梯的斜坡上有傳聲筒　4 大型綜合溜滑梯的設施之一
5 分齡 0～3 歲專區

03 虎尾鎮 金鵬巾緻親子館
大中小溜滑梯

　　虎尾鎮素以毛巾盛名，周邊有十家左右的觀光工廠。其中，永鵬毛巾工廠以「家」為主題打造「金鵬巾緻親子館」。1樓的兒童遊戲區，雖然占地不大，但就有三個溜滑梯，一個是適合幼童的常見簡易版溜滑梯，一個是可愛卡通造型的溜滑梯，最後一個是適合大一點兒童的兩層木屋溜滑梯。館內布置相當溫馨，有六大主題館，處處充滿用毛巾創作的大型動物，若是喜愛拍照的朋友們，絕對不能錯過這麼優質的空間。

Info

📞 （05）322-0159
🏠 雲林縣虎尾鎮堀頭里 99-1 號
🕐 假日 09:00-17:00，平日須預約
💲 免費
🚗 開車下國 1 虎尾交流道約 8 分鐘，備有停車場。

1 兒童遊戲區　　**2** 幼兒版溜滑梯　　**3** 六大主題館之一　　**4** 熊愛企澡堂

1 土坡溜滑梯　**2** 左邊筆直的溜滑梯　**3** 右邊彎曲有弧度的溜滑梯　**4** 園區一景

04 虎尾鎮 米多力休閒農莊
土坡溜滑梯

　　園區雖然不大，但有超過一百多種的植物，原來，米多力的前身是園藝造景公司。另外，農莊的異國料理也是不容錯過的美食，推薦料理如炭烤雞肉鍋巴拌飯、泰式香茅雞腿海陸雙燒、西西里海鮮等，遊客們可以在採光良好的玻璃餐廳內用餐，非常悠哉。

　　這裡的溜滑梯建在小小的土坡上面，共有兩個，右邊的彎曲有弧度，左邊的較筆直，兩座高度和斜度都很平緩，連小幼童都可以輕易上手。兩座滑道中間有灌木叢，讓視線上看起來增加了不少趣味。

Info
📞（05）633-0662
🏠 雲林縣虎尾鎮文科路 880 號
　（外環道 158 線）
🕐 11:00-21:30
💲 免門票
🚗 開車下國 1 虎尾交流道約
　 10 分鐘，備有停車場。

119

05 崙背鄉 悠紙生活館
厚紙板溜滑梯

悠紙生活館的溜滑梯材質是貨真價實的厚紙板溜滑梯，滑道順暢好溜，寬度、長度都很適合小幼童，雖然是用紙做成的溜滑梯，但堅固耐用、安全性十足；此外還有紙做的彈珠檯、紙搖馬（150 公斤以下的大小朋友皆可以乘坐）；多種紙藝作品可以 DIY，例如飛機、火車。2 樓的兒童遊樂區，提供多種紙製兒童遊樂設施，像是紙箱屋、紙製餐廚玩具、瓢蟲翹翹板；主建築的側邊還有一個沙坑。園區有提供簡餐、下午茶（110 元起）。

Info

- 📞 （05）696-5828
- 🏠 雲林縣崙背鄉南光路 390 號
- 🕐 週二至日 09:00-17:00
- 💲 門票 100 元，可抵消費 50 元，嬰兒及 70 歲以上免費
- 🚗 開車下國 1 虎尾交流道約 20 分鐘，備有停車場。

1 厚紙板溜滑梯
2 紙搖馬

06 麥寮鄉 晁陽綠能園區
紙大象溜滑梯

Info

- 📞 （05）693-8238
- 🏠 雲林縣麥寮鄉興華村興華路 32 號
- 🕐 週二至日 09:00-17:00，週一公休
- 💲 身高 120 公分以上門票 150 元，50 元可抵消費
- 🚗 開車下臺 78 線元交流道約 13 分鐘，備有停車場。

這裡的溜滑梯，出產自崙背鄉悠紙生活館的紙大象，是個適合幼童的特色小型溜滑梯。園區有專業的解說，帶領大家認識太陽能、綠能源，還有販售以太陽能驅動的兒童玩具車。2 樓是蟋蟀館，有實體的養殖箱，從幼蟲、成蟲、交配，還有專業的影片可以更深入地認識蟋蟀。20 人以上的團體建議可以參加園區優惠的套裝行程，如自採香菇、有機蔬菜，再切碎包水餃，當場煮來吃（行程多元，可上官網查詢）。

1 兒童遊戲區的紙大象　2 蟋蟀周邊商品

07 斗六市 紅蟻蟻生態世界
樹屋底下的溜滑梯

這座溜滑梯位於樹屋底下，是座臺灣早期復古的溜滑梯，經過改良整修後，安全性、外觀都非常良好。園區擁有上百棵粗大的荔枝樹，這裡最吸睛的莫過於蓋在荔枝樹上的「樹屋」，樹屋的天花板是透明的玻璃，晚上還可以繼續觀賞夜行性動物！重點是這裡的床鋪是採飯店等級，價格卻比民宿還便宜，平日2人房才1,000元，假日不加價。園區占地相當廣闊，生態非常豐富，最令人嘆為觀止的是每年清明節過後3,000棵綻放的蝴蝶蘭！夏季則有鳳蝶壯觀飛舞的畫面。

Info

📞 0910-378350
🏠 雲林縣斗六市湖山里橫仔坑73-1號
🕐 全年無休 09:00-16:00
💲 門票150元，100元可抵餐券
🚗 開車下國3斗六交流道約10分鐘，備有停車場。

1 荔枝樹屋群　**2** 樹屋的上方是透明的玻璃　**3** 荔枝樹下有盪鞦韆　**4** 廣大的草原　**5** 樹屋底下的溜滑梯

1 叢林溜滑梯主體照　2 叢林溜滑梯的出口　3 叢林溜滑梯排隊處
4 兒童玩國蛋糕屋溜滑梯

08 古坑鄉 劍湖山世界主題樂園
叢林溜滑梯

　　叢林溜滑梯是由工藝權威國家：德國「Wiegand」設計公司所打造，斥資千萬，耗時一年。長度 66 公尺（全臺最長），高度 25 公尺，平均秒數 13 秒。這座溜滑梯位處在古坑山坡上，搭建過程難度相當高，周邊盡量保留樹木，維持叢林的原始感，遊客在搭乘的過程中，透過透明的上蓋，能滑邊欣賞劍湖山世界主題樂園園區的美景；劍湖山世界的叢林溜滑梯有別於以往的螺旋式設計，採用 S 型設計，共有 6 個彎道，是全臺唯一。為了讓更多遊客體驗「叢林溜滑梯」，德國工程師設計時特別注重滑梯貼地性，讓轉彎處更平滑，因此，遊客限制放寬，90 公分以上、6 歲以下的孩童。

　　劍湖山世界除了叢林溜滑梯，還有兒童玩國蛋糕屋溜滑梯、球池溜滑梯以及季節限定的超跑氣墊溜滑梯和大船塢溜滑梯等 5 座溜滑梯，可謂全臺最多溜滑梯的主題樂園！

Info

📞 （05）582-5789

🏠 雲林縣古坑鄉永光村大湖口 67 號

🕐 全年無休，平日 09:00-16:30，假日延長至 17:20（以上為設施營運時間）

💲 3～6 歲或 100～120 公分以下幼童 350 元，其他票別請詳見官網

🚗 開車下國 3 古坑交流道約 15 分鐘，備有收費停車場。

嘉義

除了溜滑梯外，腹地廣大的農場，也特別適合遊客們安排一日輕旅遊。故宮南院座落在嘉義境內，其周邊的特色溜滑梯也特別值得造訪，例如 235 新樂園特別以境內著名的樹蛙、黑面琵鷺造型打造的特色溜滑梯。

01 大林鎮 諾得健康休閒生態園區
沙坑溜滑梯

不論是從建築外觀或是公司名稱，都很難想像此處竟有如此適合小朋友的樂園，而且這裡的溜滑梯可以讓小朋友嗨翻天，溜滑梯是以海洋為主題的大型塑膠溜滑梯，底部連接占地不小的戲沙池，沙池上還有提供許多色彩繽紛的坐騎。家長可以在充滿南洋風的休閒涼亭內休息，後方則有青青草原、九曲橋生態池。餐飲部販售平價的國民小吃、霜淇淋、香蒜麵包、肉圓等。

Info
- （05）269-5988
- 嘉義縣大林鎮排路里排子路 1-6 號
- 08:00-17:00，假日延長至 17:30 全年無休
- $ 門票成人 150 元，120 公分以下孩童 50 元，可全額抵消費
- 開車下國 1 大林交流道約 2 分鐘，備有停車場。

1 海洋為主題的大型溜滑梯　2 戲沙池占地不小，有色彩繽紛的坐騎　3 挖沙工具可至販賣部購買

1 飛碟造型溜滑梯　2 飛碟溜滑梯的樓梯　3 磨石子溜滑梯

02 嘉義市 嘉義公園
飛碟溜滑梯

　　飛碟造型的溜滑梯共分三層，圓形的造型，設有數個攀爬機關，例如攀爬網、攀爬欄杆，讓愛探險的小朋友玩得不亦樂乎；溜滑梯滑道材質為磨石子。在飛碟溜滑梯的另一頭還有一座簡樸的磨石子溜滑梯，此外，公園內的射日塔也是不容錯過的景點。

Info

📞 （05）274-4019
🏠 嘉義市東區啟明路 246 號
💲 射日塔全票 50 元，優待票 25 元
🚗 開車下國 1 嘉義交流道走縣道 159 線接啟明路，備有停車場。

03 嘉義市 北園國小
沙坑溜滑梯

　　一進校門口即可看到顯眼的溜滑梯，小朋友們可以選擇右邊比較短的磨石子溜滑梯（材質較粗，建議穿著耐磨的褲子），也可以選擇左邊兩層樓高度的全包覆溜滑梯，下滑速度相當快，對於喜歡刺激的小朋友而言，絕對會非常興奮！溜滑梯的下方是沙坑，有很好的緩衝效果。校舍相當新穎的北園國小，其實已經有將近 100 年的歷史，圍牆上可以看到古樸的閩南語童謠，翻修後更融入太陽能設置，提倡環保觀念。

Info

📞 （05）237-1330
🏠 嘉義市西區北湖里北社尾路 168 號
🕐 平日 06:00-07:00；16:30-18:30；假日 06:30-07:30；16:00-18:00（非開放時間進入校園請至警衛室登記）
🚗 開車下國 1 嘉義交流道約 10 分鐘，路邊停車。

1 兩層樓高的全罩溜滑梯　2 溜滑梯出口下方是沙坑　3 俯瞰溜滑梯

04 中埔鄉 獨角仙休閒農場
沙坑溜滑梯

　　這裡的溜滑梯為大型的塑膠溜滑梯，下方連接大片沙池，需自備挖沙工具。溜滑梯後方圈養著許多動物：鴕鳥、豪豬、迷你袋鼠、羊駝、鴿子、兔子等，小朋友可以買飼料餵食小動物、餵小牛喝奶；假日可付費騎迷你馬，且有遊園小火車。遊戲區則有多種投幣式玩具、標靶射箭。「獨角仙生態館」自國內外引進 40 多種的獨角仙、鍬形蟲標本，另外還有食人魚、長臂猿、蛇、金雞等獨特生物。園區從飼養第一頭牛開始，轉眼已過了 30 多年，園區目前也是供應瑞穗鮮奶的合作廠商。

1 潔白細緻的沙池　2 羊駝　3 沙坑溜滑梯
4 園區一景　5 園區入口處

Info

- 📞 （05）203-0666
- 🏠 嘉義縣中埔鄉 45 號
- 🕐 09:00-17:00，全年無休
- 💲 門票 100 元，可全額抵消費；飼料費 50 元，獨角仙生態 30 元
- 🚗 開車下國 1 中埔交流道約 15 分鐘，備有停車場。

125

1 樹蛙溜滑梯　**2** 樹蛙溜滑梯下方有小山洞可穿越　**3** 樹蛙溜滑梯的角落有規劃座椅　**4** 黑面琵鷺溜滑梯
5 黑面琵鷺溜滑梯後方的階梯也小有巧思

05 朴子市 235 新樂園
青蛙、黑面琵鷺溜滑梯

　　「235」的命名取自北回歸線北緯 23.5，距離故宮南院僅需 2 分鐘車程。公園以獨特的溜滑梯造型而聞名，有樹蛙、黑面琵鷺造型的溜滑梯，滑道皆是鐵板材質，由於沒有遮陰設備，建議避開炎熱的天氣，否則溜滑梯會過燙，無法遊玩。樹蛙溜滑梯下方有小山洞可穿越、黑面琵鷺溜滑梯的下方連接沙坑，可以自行攜帶挖沙工具，還有藍腹鷳平衡橋設施，這裡不只讓小朋友玩得開心，也相當具有教育意義，充分呈現嘉義獨特的生態特色。

Info

⌂ 嘉義縣朴子市小槺榔二路

🚗 開車下國 1 嘉義交流道約 20 分鐘，備有停車場。

06 梅山鄉 太平雲梯
逃生溜滑梯

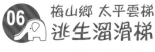

　　這座溜滑梯可是臺灣第一座結合娛樂用途的雲梯逃生滑道，與其讓逃生滑道平時放而不用，最好的維護就是使用它！溜滑梯共有 2 座，長度分別為 21、26 公尺長，高度約兩層樓，滑道材質為不鏽鋼，在滑道的上方也特別設計鐵編藝術裝置。

　　太平雲梯標高 1,000 公尺、長 281 公尺，為目前全臺海拔最高、最長的景觀吊橋。橋的中段，特別設計成鏤空鐵網，增加雲梯的刺激性。吊橋尾端連接視野良好的茶園，並可直接通往太平老街。登梯採預約制，每半小時一個梯次，為了分散車流，每梯次也有限制自行開車上山的數量，其餘的則可搭乘接駁車上山。短版滑道目前已可以使用，後方長版滑道尚在等待評估中才開放使用喔！

1 滑道位於雲梯的入口　2 滑道材質為不鏽鋼
3 逃生滑道　4 太平雲梯　5 茶園

Info

☎（05）257-1215
🏠 嘉義縣梅山鄉太平路 5 號
🕐 平日 09:00-16:30，假日延至
　 17:30，公休週三
$ 全票 100 元、學生 80 元、7 ～
　 12 歲 50 元，6 歲以下免費
🚗 開車下國 3 梅山交流道約 15 分
　 鐘，備有付費停車場。

07 *民雄鄉 民雄金桔觀光工廠*
原木溜滑梯

溜滑梯位於園區的池塘畔草坪，若不仔細逛，真的很容易錯過。材質為原木，依著小土坡而建，相當適地適建。園區處處充滿古樸風情，有鐵製搖搖馬跟吊床，展示文物館是由早期醃製金桔的古厝所改建。另外還有投幣式小火車、投幣式挖土機、沙坑（註：溜滑梯於出版前尚在整修中，再度開放日期可去電詢問）。

展售中心提供多種金桔飲料讓遊客試喝，伴手禮區有多種相關產品：桔餅、果凍、果醋、桔醬豆干；DIY 內容有製作金桔醬和風鈴彩繪。

Info

📞 （05）272-0351
🏠 嘉義縣民雄鄉三興村 38 號
🕐 09:00-17:00，全年無休
🚗 開車下國 3 竹崎交流道約
　　15 分鐘，備有停車場。

1 原木溜滑梯　2 投幣式挖土機　3 鐵製搖搖馬　4 DIY 教室
5 伴手禮區的金桔休息區

臺南

臺南為臺灣最早建立的城市，這裡的溜滑梯也充分保留了歷史的遺跡，首推十鼓仁糖文創園區，溜滑梯的原址就是糖廠蔗渣儲存室，溜滑梯步道也是由原有的鍋爐貓道作為搭配；蕭壟文化園區也呈現了臺灣早期發展的過程。

01 佳里區 延平國小
大象溜滑梯

　　許多古老的學校都保有大象溜滑梯，將近百年歷史的延平國小當然也不例外，但這裡的大象溜滑梯更特別的是前、後各兩個滑道，共有四個滑道！材質是傳統的磨石子，經過多年的使用，溜滑梯的順暢度當然沒話說。校園另有一些傳統的鐵製遊樂設施：旋轉滾輪、立體鐵籠、攀爬設施以及常見的塑膠溜滑梯。環境清幽的校園，很適合喜歡輕旅行的家庭們到此一遊。

Info

📞 （06）722-2331
🏠 臺南市佳里區頂廊里 136 號
🚗 開車下國 1 麻豆交流道約
　　15 分鐘，路邊停車。

1 大象溜滑梯共有四個滑道　**2** 塑膠溜滑梯　**3** 鐵製遊樂設施　**4** 幼稚園前方的設施

1 雙向的超長滾輪溜滑梯　2 乘坐滑板即可輕鬆的往前溜

02 佳里區 佳福寺
滾輪滑檯溜滑梯

　　很難想像在傳統的廟宇有一個這麼棒的兒童遊戲場所，其中最特別的就是在臺灣相當少見的超長滾輪溜滑梯，長度將近有 60 公尺，設計相當優良的溜滑梯，共有兩座，因此小朋友可以從左溜到右邊，直接從右邊又溜回左邊，相當省時省力！廟方在旁邊有提供滑板，小朋友乘坐其上，即可輕鬆的往前溜，如果重量較重的小朋友，速度會快很多；大人也可以上去玩，是個親子同遊的好地方。但要注意切勿將手指伸入滾輪中，否則後果不堪設想。旁邊有不少大樹遮陰，因此夏天來也不會覺得過於曝曬。

　　在寺廟的另一邊，就是「慈幼兒童樂園」，有相當多的兒童遊樂設施：古樸的鐵製溜滑梯、城堡溜滑梯、鐵製波浪攀爬設施、少見的鐵桿（下方沒有固定，可以搖擺）、各式搖搖馬、古早動物雕像（獅子、長頸鹿、駱駝等）。

3 鐵製溜滑梯　4 城堡溜滑梯　5 飛機造型的搖搖馬
6 鐵製攀爬設施

Info

📞（06）726-3011
🏠臺南市佳里區營頂里 102 號
🚌開車下國 1 麻豆交流道約 10 分鐘，備有
　停車場。

1 戶外溜滑梯　**2** 戶外全罩式溜滑梯　**3** 船隻溜滑梯　**4** 船隻溜滑梯後方的攀爬繩網　**5** 蜀葵後方為五分車

03 佳里區 蕭壠文化園區
船隻溜滑梯

　　戶外的溜滑梯為綜合型探索溜滑梯，共有五個滑道，材質皆為塑膠，其中有兩個為全罩式的溜滑梯，中間有盪鞦韆，還有專為嬰幼兒設計的安全防護網。室內有專為兒童設計的遊戲室，內有一座以海洋為主題的船隻溜滑梯，小朋友須透過船隻後方的攀爬繩網爬上滑道入口，船艙內部也是可以進入；館內還有球池、軟式積木。「蕭壠」為臺南縣「佳里」的舊稱，原為平埔族的社名。戶外有 50 多部退休的五分車，鐵軌旁有逼真的蠟像人模型；每年春夏之際，蜀葵綻放地異常美麗。

Info

📞（06）722-9910

🏠 臺南市佳里區六安里
　 130 號

🕐 09:00-17:00，週一、
　 二及除夕公休

🚗 開車下國 1 麻豆交流
　 道約 12 分鐘，備有
　 停車場。

04 安平區 臺南市兒童福利中心
海盜船溜滑梯

3、4 樓為專為 12 歲以下兒童設計的親子共遊兒福館。海盜船溜滑梯材質為木頭，小朋友可以進入船艙內部探險；另一座溜滑梯為大型的綜合性溜滑梯，材質為塑膠，地板接鋪上軟墊，特別適合小幼童。館方占地廣大，還有生活扮演區、積木建構區擁有數萬片的積木。走廊的空間也充分利用，有圖形排列、哈哈鏡、水管樂器，另外 4 樓有多種騎乘玩具。

Info

📞 (06) 299-9381

🏠 臺南市安平區中華西路二段 315 號

🕐 09:00-17:30，平日中午休息 1.5 小時，公休週一

$ 假日 1 歲以上兒童 100 元（設籍臺南市 70 元），成人 60 元；平日均 50 元（兒童設籍於臺南市 35 元）

🚗 開車下國 1 永康交流道約 20 分鐘，路邊停車。

1 走廊的鏡面探索　2 生活扮演區：臺南擔仔麵　3 生活扮演區：麵包區　4 海盜船溜滑梯　5 大型的綜合性溜滑梯

1 俯瞰溜滑梯　2 煙囪極速溜滑梯

05 仁德區 十鼓仁糖文創園區
煙囪極速溜滑梯

　　十鼓利用糖廠原址中蔗渣儲存室，並以煙囪的概念為發想，創造出 13.5 公尺高約五層樓的「煙囪極速溜滑梯」，透明滑梯帶來超越想像的感官體驗，非常刺激驚豔，僅開放 125 公分以上小朋友。滑梯步道也是由糖廠原有的鍋爐貓道做為搭配，使新穎的設備中也帶有復古懷舊的神祕氣息。此外，園區不僅僅為大朋友準備了攀岩、垂降、巨型滑梯等極限體能設備，也有小朋友專屬的兒童館、糖晶落體、射箭等互動式體驗活動，更有國際級的鼓樂演出！園區旁邊即是臺南都會公園，內有小朋友專屬的兒童島。

Info
- 📞 （06）266-2225
- 🏠 臺南市仁德區文華路二段 326 號
- 🕐 09:30-16:50；星光遊園開放時間：18:10-20:50，週一休園
- 💲 門票 399 元，學生票 380 元，四歲以下免費，星光套票 300 元
- 🚗 開車下國 1 臺南交流道約 5 分鐘，備有付費停車場。

06 善化區 善化國小
雙迴旋溜滑梯

　　善化國小，屬於開放式校園，沒有圍牆。校園內有多座溜滑，有鐵製古樸的雙迴旋溜滑梯、古老的磨石子碉堡溜滑梯、小型的沙坑塑膠溜滑梯。緊鄰在側的善化糖廠，最有名莫過於紅豆牛奶冰以及許多人兒時記憶的古早味「玉米冰棒」！廠外放置了退休的老火車，另一棟建築為文物館。

Info
- 📞 （06）581-7020
- 🏠 臺南市善化區進學路 63 號
- 🕐 除上課時間（07:30-16:00）皆可進入
- 🚗 開車下國 1 麻豆交流道約 10 分鐘，備有停車場。

1 雙迴旋溜滑梯　2 磨石子碉堡的溜滑梯
3 小型的沙坑塑膠溜滑梯

1 磨石子溜滑梯，溜滑梯旁邊有簡易攀岩設施　　**2** 溜滑梯下方連接大片沙坑　　**3** 沙坑另一頭是迷宮

07 善化區 南科兒童遊戲場
寬大磨石子溜滑梯

　　位於科學園區內的兒童遊戲場，有四個滑道的磨石子溜滑梯，其中一個還加大面寬，即使是假日也不用大排長龍等溜滑梯。此處的磨石子材質較粗，建議可以自備厚紙板。溜滑梯的下方即是潔白的大沙坑，旁邊還有簡易攀岩設施。另外，還有個美麗迷宮，迷宮內有馬賽克拼貼的圖騰。唯獨遮蔽物較少，請避開日曬嚴重的時段唷！公園內沒有水龍頭，建議可到離遊戲場相當近的南科「十四停車場」，停車場設有洗手間。

Info

- 📞（06）505-1001（南科管理局）
- 🏠 臺南市善化區烏橋一路與北園一路附近（十四停車場處）
- 🚗 開車下國 1 安定交流道約 8 鐘，備有停車場。

08 柳營區 南元花園休閒農場
磨石子溜滑梯

　　溜滑梯隱身在大草皮旁的樹林裡，若不仔細逛，很容易錯過喔，溜滑梯材質為磨石子，依土坡而建，蜿蜒有型。園區占地相當廣闊，可以釣青蛙、坐渡輪。臺灣島親水區可划竹筏，水深不高，即使幼童掉落也不會有危險！可愛動物區內有多種動物：兔子、梅花鹿、迷你豬、山羊等，遊客們可以進入摸摸小動物喔！

Info

- 📞（06）699-0726
- 🏠 臺南市柳營區南湖 25 號
- 🕐 全年無休 08:00- 沒有限制
- 💲 門票 350 元，4 ～ 12 歲 300 元
- 🚗 開車下國 3 六甲、烏山頭交流道約 8 分鐘，備有付費停車場。

1 依山坡而建的溜滑梯　　**2** 划竹筏　　**3** 青青草原的遊樂設施

09 大內區 走馬瀨農場
滾輪波浪溜滑梯

園區占地廣闊，親子廣場上有多種特色溜滑梯：有超長滾輪溜滑梯，材質為鐵製；碉堡溜滑梯，高度和斜度都較大；綜合型大型溜滑梯，結合多種體能設施，完全滿足小朋友驚人的體力。假日限定的表演秀，鄉村劇場有魔幻特技秀，飆馬表演由哈薩克的專業馬術師表演非常精湛的騎馬特技！還有多種付費項目：碰碰船 100 元／10 分鐘、黑面琵鷺踩船 200 元／10 分鐘、射箭 50 元／10 隻、坐牛車 100 元／人、戲水世界全票 100 元（夏天限定）、腳踏車 50 元／半小時等（建議購買套票較划算）。

Info

📞 （06）576-0121

🏠 臺南市大內區二溪里嘰子瓦 60 號

🕐 全年無休 09:00-17:00，假日提早至 08:00

$ 門票 250 元，3～6 歲 120 元

🚗 開車國 3 官田交流道，接臺 84 快速道路下玉井交流道約 1 分鐘，備有付費停車場。

1 碉堡溜滑梯　2 超長滾輪溜滑梯　3 綜合型大型溜滑梯　4 農場入口　5 黑面琵鷺造型的踩船

高雄

這裡有百貨公司最新穎的時尚溜滑梯，也有臺灣首座私人遊樂園的復古磨石子溜滑梯；小學的特色溜滑梯，也是不容錯過的省錢旅遊方案。

01 鳳山區 衛武營都會公園
沙坑溜滑梯

此處的沙坑溜滑梯，沙坑並非位於溜滑梯的出口，而是位在入口處，占地不小的沙坑屬白沙，質地相當細膩；公園原為軍營，後來，將部分軍營基地轉為占地相當廣闊的都會公園，攜帶小朋友的旅客可由南區入口進入兒童遊樂場。另外還有花海、生態池、眺望臺、探索林、體能區（單槓、跳馬鞍、紅土跑道等），也是練習騎乘腳踏車的好地方。

Info

 （07）342-1418

高雄市鳳山區新強里 15 鄰輜汽路 281 號

開車下國 1 高雄 B 交流道約 5 分鐘，備有付費停車場。

1 溜滑梯的後方連結沙坑　**2** 沙坑故事屋　**3** 沙坑占地不小　**4** 公園一景

大面寬溜滑梯

　　三桃山森林遊樂區可謂全臺遊樂園的鼻祖，是臺灣首座私人遊樂園，完整保留臺灣早期遊樂園的復古風。有各種山水造景，像是水濂洞是可以進出的，還有小朋友喜愛的山訓設施、高空腳踏車、會滾動的風火輪大木桶、以麻繩編織的「一網情深」可以讓小朋友盡情攀爬。這裡溜滑梯的滑道大面寬，材質為磨石子，中央的滑道還特別架高，更具挑戰性。滑道下滑速度相當順暢，喜歡更刺激的小朋友，旁邊有提供紙板，可增加溜滑梯的刺激度。園區緊鄰「龍雲寺」，供奉觀音佛祖，據說此聖地是全臺唯一「九龍九鳳」轉靈台的靈山寶地。

Info

📞（07）661-8016

🏠 高雄市旗山區三協里三桃巷 9 號

🕐 平日 08:00-17:00，假日延長至 17:50

$ 門票全票 90 元，半票70 元

🚗 開車下國 3 田寮交流道約 20 分鐘，備有停車場。

1 大面寬溜滑梯　2 溜滑梯的中央滑道更具挑戰性　3 會滾動的風火輪大木桶
4「一網情深」可以讓小孩盡情攀爬　5 水濂洞內部　6 水濂洞出口
7 龍的頭與尾都可以進出

1 從 4 樓俯瞰溜滑梯　2 樓溜滑梯出口　3 溜滑梯入口，毛巾會鋪在滑板上，讓衛生無虞

03 大樹區 義大世界購物廣場 C 區 4 樓
傑克與魔豆溜滑梯

溜滑梯以魔豆與傑克為主題，是亞洲最彎的立體旋轉溜滑梯，位於義大購物中心 C 區 4 樓，只要 10 秒內就可以到達 1 樓。溜滑梯限定 115 公分以上的成人、小孩才可使用，重量沒有特別限制。業者會提供安全帽等防護設施，小朋友須戴上後才可遊樂。溜滑梯採全罩式設計，上半部是透明的材質。

Info

- 📞 080-065-6080
- 🏠 高雄市大樹區學城路一段 12 號
- 🕐 平日 11:00-22:00，假日及例假日 10:00-22:00，全年無休
- 💲 80 元／次
- 🚗 開車下國 10 仁武交流道 12 分鐘，備有停車場。

04 左營區 三角公園
大象溜滑梯

公園位於市區的三角畸零地，占地不大，園內有一座古樸的大象溜滑梯，滑道面寬較一般的大象溜滑梯來得大，滑道旁邊的扶手較低，要注意小朋友的安全；公園旁邊還有一座常見的溜滑梯。溜滑梯旁邊有一棵大樹，夏天前來會有很好的遮陰效果。

Info

- 🏠 高雄市左營區左營大路、中正路交叉口
- 🚗 開車下高雄都會快速公路翠華路出口下交流道約 5 分鐘，路邊付費停車場。

1 大象溜滑梯　2 公園另一座溜滑梯

05 楠梓區 右昌國小
獅子溜滑梯

溜滑梯材質是馬賽克磁磚，創作理念是將葫蘆與獅子的造型做結合。滑道的部分是磨石子材質，溜滑梯的下方有三個洞穴，小朋友最愛在此鑽來鑽去。校園還有座樹屋和數個常見的塑膠材質溜滑梯。

Info

- 📞 （07）361-2368
- 🏠 高雄市楠梓區加昌路 910 號
- 🕐 平日 05:30-07:00，16:30-20:00；假日 05:30-20:00，中午休息一小時
- 🚗 開車下國 1 楠梓交流道約 15 分鐘，路邊付費停車。

1 獅子溜滑梯　2 溜滑梯的下方有三個洞穴　3 滑道的部分是磨石子材質　4 樹屋　5 校園造景

1 長版的磨石子溜滑梯　2 短版的磨石子溜滑梯有非常多座　3 鐵製飛機溜滑梯
4 設備超齊全的山訓場　5 山訓場有多種設備可消耗小朋友的體力

06 楠梓區 楠陽國小
磨石子溜滑梯

　　校園建築物內有一座從二樓延伸出來的磨石子溜滑梯（作者前往時，因等待政府機關安檢通過，故暫時封閉）。校園還有很多短版的磨石子溜滑梯，建在通往建築物的樓梯旁。校園操場另一邊，保留了一座古樸的鐵製飛機溜滑梯，滑道材質為鐵板。另外最令小朋友興奮的是，設備超齊全的山訓場，有超多種體能設施！

Info

📞 （07）352-0675

🏠 高雄市楠梓區楠陽路 100 號

🕐 平日 05:30-07:00、17:30-
　19:00，假日 05:30-19:00

🚗 開車下國 1 楠梓交流道約
　2 分鐘，路邊付費停車。

07　三民區 國立科學工藝博物館
立體螺旋滑梯

立體螺旋溜滑梯是目前全球第三高、亞洲第一高的溜滑梯，為德國 Wiegand 原廠量身打造，自科工館 6 樓直通 B1，高度 27 公尺，7 大彎道，長度 63 公尺，全程體驗約 16 秒鐘，讓遊客瞬間秒懂「萬有引力」、「位能與動能」、「摩擦力」、「向心力」、「離心力」的科普知識。不計空氣阻力及摩擦力下，依據能量守恆定律時速可高達 82 公里。博物館 B1 是專為小朋友打造的兒童科學園，主要分成三部曲：糖果屋、奇幻國、夢想號；4 樓有適合動手操作的趣味科學實驗，5 樓是用餐區。

Info

📞（07）380-0089
🏠 高雄市三民區九如一路 720 號
🕘 09:00-17:00，夏季延長至 18:00，公休週一、除夕及年初一
💲 門票：科工館常設展 100 元，特展、立體電影院、多媒體劇場，需額外購票
🚗 開車下國 1 九如交流道約 3 分鐘，備有付費停車場。

1 立體螺旋滑梯　2 糖果屋　3 趣味科學實驗　4 兒童科學園的探索設施　5 夢想號

143

屏東

屏東地處臺灣的最南端，富有熱帶風情，這裡的溜滑梯也充滿海洋風味。六堆客家文化園區，保留了境內客家生活風貌，國家級的園區，溜滑梯也是獨樹一格。屏東市的青創聚落，充分展現了當地年輕人的藝術特質。

01 屏東市 屏東青創聚落
貨櫃屋溜滑梯

溜滑梯位於屏東市的熱門人氣景點，高度約有二至三層樓高，速度較快，事實上是為大人設計的溜滑梯，如果小朋友要溜也是可以，但是身高建議要 135 公分以上或是家長陪同，以策安全。

整個園區是由 53 個貨櫃屋打造而成，提供創作空間給在地的年輕人，店家類型有小農市集、手作藝品、複合式餐飲等，共有三層樓高，頂樓為空中花園。2 樓的餐飲空間，其中一處為親子親善餐廳，室內有一小處兒童遊戲區和戶外遮陰沙坑。人氣拍照景點有彩虹貨櫃屋、街頭塗鴉牆，假日總是人滿為患！

Info

📞（08）766-9177
🏠 屏東縣屏東市勝利路 77 號
🕐 11:00-21:00，週一公休
🚗 開車下國 3 九如交流道約 20 分鐘，備有停車場。

1 貨櫃屋溜滑梯　2 彩虹貨櫃屋　3 街頭塗鴉牆　4 貨櫃屋有許多特色餐廳

02 車城鄉 國立海洋生物博物館
鯊魚溜滑梯

嚴格來說，大鯊魚不太算是溜滑梯，不過鯊魚大開的血口內有一個小的斜坡，小幼童可以把它當成溜滑梯玩耍。旁邊還有巨大的貝殼洞穴是小朋友的祕密基地。

館內展場的兒童探索區可以觸摸海星、海膽、海參，珊瑚王國館有非常美麗的各式珊瑚、鮮豔的魚種，潛水員悠游於海底隧道表演精采的餵食秀，並以古船意境打造出獨特的海底神祕世界；世界水域館的極地探險區有真的企鵝、北極熊劇場、長達數十公尺的巨型海藻，還可駕駛電玩潛水艇，進入虛擬的海底世界。全世界的海生館只有這裡開放夜宿獨特體驗，可以觀賞到不一樣的夜間魚群、平常遊客禁止進入的水池上方，並自行在館內挑選喜歡的位子打地鋪，與魚兒共同入眠！

1 鯊魚溜滑梯　**2** 貝殼洞穴　**3** 館內一景
4 海底隧道　**5** 鯨魚戲水池

Info

📞 （08）882-5678
🏠 屏東縣車城鄉後灣村後灣路 2 號
🕐 09:00-17:30，夏季延長至 18:00
　 結束營業
💲 全票 450 元，6 歲以上學生優待
　 票 250 元。
🚌 開車下國 3 南州交流道約 1 小
　 時，備有付費停車場。

1 磨石子溜滑梯　　2 塑膠溜滑梯有非常多座
3 上方設置遮陰的波浪天花板　　4-5 校園一景

![03]長治鄉 德協國小
磨石子溜滑梯

歷史悠久的德協國小，校園公共空間非常廣大，磨石子溜滑梯就隱身在校園偏僻的草原中，若不仔細觀察，真的非常容易錯過這座古樸的溜滑梯。溜滑梯磨石子的材質略為粗糙，建議穿著耐磨的褲子，溜滑梯共有三個滑道。在校園的另一邊，有常見的塑膠溜滑梯和鐵製遊樂設施，校方還特地於上方設置遮陰的波浪天花板，即使是夏天前來也不會過於曝曬，這邊的設施雖然較為常見，但是非常多座，且各個功能不同，能讓小朋友一次探索多種類型的溜滑梯。

Info

📞（08）762-1844
🏠 屏東縣長治鄉德協村中興號 551 號
🕐 除上課時間（07:30-16:00）皆可進入
🚗 開車下國 3 麟洛交流道約 2 分鐘，路邊停車。

04 內埔鄉 六堆客家文化園區
磨石子探險溜滑梯

　　六堆地區是臺灣客家人最早聚居的地方。園區占地非常廣闊的園區，入口處即可看到特色溜滑梯，溜滑梯的材質為磨石子，相當光滑好溜，共有兩處。要登上溜滑梯的高處，可不是爬樓梯，而是石頭路唷，相當特別。在溜滑梯設施的下方，還有設置多個水管隧道，交錯的空間，可是讓小朋友玩得不亦樂乎。溜滑梯旁有數棵大樹，即使是夏天前來，也不會覺得過熱。館內設有戲水水舞區、專為 3 至 12 歲兒童打造的兒童工坊、親水步道、大型藝術品、沙坑（需自備挖沙工具）。

Info

- 📞 （08）723-0100
- 🏠 屏東縣內埔鄉建興村信義路 588 號
- 🕐 展場 09:00-17:00，戶外延長至 20:00，公休週二及除夕
- 🚗 開車下國 3 麟洛交流道約 5 分鐘，備有付費停車場（50 元／次）。

1 大面寬磨石子溜滑梯　**2** 由石頭路登上溜滑梯　**3** 戲水和沙坑區　**4** 園區占地相當廣闊
5 兒童工坊可以體驗傳統客家風情

宜蘭

臺灣的民宿之都，這裡的親子溜滑梯民宿也是競爭相當激烈，各個別具特色。國際知名繪本作家幾米，為宜蘭人，這裡的溜滑梯也特別將幾米筆下的童趣畫作，變身為立體大型溜滑梯，絕對值得一遊。

01 礁溪鄉 龍潭湖風景區
大碗公溜滑梯

磨石子溜滑梯，坡度平緩的溜滑梯，底部有很大的緩衝區，連小小孩都可以玩得非常盡興！不過溜滑梯的材質有點粗糙，建議穿厚一點的褲子，或自行攜帶厚紙板。龍潭湖是蘭陽五大名湖中面積最大的天然湖泊。湖水三面環山，風景區占地非常廣闊，環湖步道規劃完善，適合自行車、手推車。

Info

🏠 宜蘭縣礁溪鄉龍潭村環湖路 1 號

🚗 開車下國 5 宜蘭交流道約 18 分鐘，備有收費停車場。

1 磨石子溜滑梯
2 磨石子溜滑梯近照
3 從頂端俯瞰溜滑梯
4 親水木棧道

02 礁溪鄉 潭酵天地觀光工廠
歡酵溜滑梯

　　2018 年開幕以「酵素」為主題的觀光工廠，室內有座兩層樓高的全罩式溜滑梯，取名為「歡酵溜滑梯」，限 2 到 12 歲兒童使用（大人禁止使用）。館內空間挑高，顯得特別清爽；1 樓和 2 樓皆有賣場，館方強項產品是靠著宜蘭龍潭湖非常好的水質、百分之百宜蘭糙米原料，加上近百年阿公傳承下來的醋酸菌，所研發的「巴薩米克醋」。好醋的前身要先有好酒，因此製酒過程中產生的米粕，也都開發成各式各樣的獨特商品。

1 室內溜滑梯
2 溜滑梯為全罩式設計

Info
- 📞 0800-889-096
- 🏠 宜蘭縣礁溪鄉龍潭村漳福路 25 號
- 🕐 全年無休 08:30-17:30
- 🚗 開車下國 5 宜蘭交流道約 10 分鐘，備有停車場。

03 宜蘭市 河濱公園（慶和橋）
磨石子溜滑梯

　　慶和橋橫跨河濱公園，遊客們可以從社會福利館的入口通過往橋墩，橋墩的入口底下有盪鞦韆，酷暑下雨都不怕。磨石子溜滑梯位於橋墩的對邊出口，遊客們從津梅木棧道漫遊約 5 分鐘即可到達對岸的溜滑梯，木棧道走濃濃的復古工業懷舊風，橋上還有一個附有運動設施的休憩小平臺。溜滑梯材質屬於磨石子，旁邊綠樹成蔭，別有一番風情。

Info
- 📞 （03）932-5164（宜蘭市公所）
- 🏠 宜蘭縣宜蘭市環河東路；宜蘭縣宜蘭市同慶街 95 號（宜蘭社會福利館）
- 🚗 開車下國 5 宜蘭交流道約 10 分鐘，路邊停車。

1 磨石子溜滑梯　　2 橋墩的入口底下有盪鞦韆

04 宜蘭市 宜蘭運動公園
兩根鐵柱溜滑梯

公園的兒童遊樂設施主要是以「鐵」做設計，各個造型獨特，連盪鞦韆都別有特色。這裡的特色溜滑梯共有三款，其中最特別的莫過於「兩根鐵柱溜滑梯」，設計相當簡潔、創新，適合大膽一點的小朋友挑戰。鐵戰艦溜滑梯，船身由縱橫交錯的鐵柱構成，讓小朋友爬上爬下，充滿探索的樂趣，溜滑梯滑道位於船身側邊；另外還有一座水管涵洞溜滑梯，滑道也是鐵板材質。

Info
- （03）925-4034
- 宜蘭縣宜蘭市中山路一段 755 號
- 開車下國 5 宜蘭交流道約 15 分鐘，備有停車場。

1 戰艦溜滑梯
2 戰艦溜滑梯的滑道
3 兩根鐵柱溜滑梯
4 特色盪鞦韆
5 兒童遊樂設施主要是以「鐵」來做設計
6 體能設施
7 舊火車

1 遊樂館外觀　**2** 滑草皮區　**3** 海底世界攀岩牆　**4** 益智教具區、積木牆　**5** 大型球池溜滑梯

05 宜蘭市 非玩不可親子樂遊館
球池溜滑梯

　　整個室內超過 200 坪的遊戲空間，以海洋為主題的大型球池溜滑梯，滑道共有 5 座，有全罩式不透光滑道、全罩式透光滑道、波浪滑道，並且結合彈跳床、多種探險攀爬設施，旁邊的空間特別規劃出滑草皮區，還有海底世界攀岩牆、益智教具區、積木牆。小幼童專區有小球池和遊具。館內「動態區」設施是專為孩兒設計，大人是不能陪同進入的。餐飲的部分是設立在樂遊館旁邊，為火鍋店。

Info

📞（03）938-3002

🏠 宜蘭縣宜蘭市東港路 16 號

🕐 平日分兩個梯次 10:00-13:30、14:00-18:00；假日分三個梯次：09:00-12:00、13:00-16:00、17:00-20:00，週二公休

💲 1～12 歲孩童需購票，每梯次平日票價 250 元；假日票價 350 元（含 1 位大人免費陪同，第 2 位大人加收 100 元）

🚗 開車下國 5 宜蘭交流道約 15 分鐘，備有停車場。

ℹ️ 大人及兒童請一律穿著襪子。

大象溜滑梯

園區是從宜蘭火車站前方著名的「丟丟噹園區」繼續延伸，步行約 3 分鐘即可到達，一樣以幾米繪本為主題設計的公園。有大象溜滑梯，大象溜滑梯的中央平臺還有吊單槓，雖然高度有點挑戰性，但是下方有雙層網繩做防護，非常安全。長頸鹿眺望臺，可以登上 2 樓，若夏季高溫達 40 度會暫停開放。溜滑梯下方則是沙池，後方的室內館，有付費進入的球池（100 元／人），還有先進的 VR 可體驗。

Info

📞 （03）935-8550
🏠 宜蘭縣宜蘭市宜興路一段 117 號
🚗 開車下國 5 宜蘭交流道約 10 分鐘，備有付費停車場。

1 幸福轉運站　**2** 溜滑梯下方是沙池　**3** 大象溜滑梯　**4** 大象溜滑梯的中央平臺有吊單槓　**5** 球池

1 溜滑梯位於幾米廣場的最末端　**2** 溜滑梯結合磚瓦斜坡　**3** 溜滑梯材質為磨石子　**4** 旁邊還有防空隧道

07 宜蘭市 幾米廣場
磨石子溜滑梯

　　溜滑梯位於廣場的最末端，若是不仔細看很容易錯過喔。溜滑梯材質為磨石子，搭建在磚瓦斜坡上，底部連接一小片黑色沙坑。廣場是身為宜蘭人的國際知名繪本作家幾米的藝術裝置空間，也是超高人氣景點；這裡結合幾米著名作品《向左走・向右走》、《星空》及《地下鐵》等。

Info
- （03）931-2152
- 宜蘭縣宜蘭市光復路 1 號
- 宜蘭火車站斜對面。

08 宜蘭市 中山國小
日月星溜滑梯

開放式的校園內有多座特色溜滑梯，歷史最為悠久的日月星溜滑梯，高度達兩層樓，由磨石子打造而成，雙滑道並列，從校園建築延伸而下；入口處的海盜船溜滑梯人氣最高，共有5個滑道，旁邊的小竹林擺放了一隻熊貓公仔；木頭火車造型溜滑梯，滑道短小，適合幼童；最新完工的地景碗公溜滑梯，材質為磨石子，雖然非屬於遊樂器材，但是也歡迎小朋友來試試。

Info
- 📞 （03）932-2064
- 🏠 宜蘭縣宜蘭市崇聖街4號
- 🕐 除上課時間（07:30-16:00）皆可進入
- 🚗 開車下國5宜蘭交流道約10分鐘，路邊停車。

1 日月星溜滑梯側照　2 日月星溜滑梯滑道寬敞　3 木頭火車造型溜滑梯　4 海盜船溜滑梯
5 海盜船側邊的全罩式溜滑梯　6 海盜船內部　7 碗公溜滑梯

09 宜蘭市 中山公園 沙坑溜滑梯

　　除了公園原有的塑膠罐頭溜滑梯外，2017年另外新建了一座沙坑溜滑梯，材質是磨石子，溜滑梯的通道有兩處磨石子的斜坡，滑道底部連接一座圓型小型的細緻沙坑，沙坑旁邊備有長木椅，讓家長可以近距離陪著小孩，又能休息歇歇腳。中山公園就在中山國小旁邊，步行5分鐘就可到達宜蘭火車站、幸福轉運站，綜合上述周邊景點，共有10座特色溜滑梯，親子徒步就可到達，機能性相當齊全！

Info

📞（03）932-5164（宜蘭市公所）
🏠 宜蘭縣宜蘭市中山路2段482號
🚗 開車下國5宜蘭交流道約10分鐘，路邊停車。

1 塑膠溜滑梯　2 公園有小橋流水
3 沙坑溜滑梯入口　4 沙坑溜滑梯

10 宜蘭市 幸福 YES 民宿
樓中樓溜滑梯

民宿室內為樓中樓，空間挑高的設計，大大增加了溜滑梯的趣味性。溜滑梯從樓中樓的入口，劃過空中，延伸到地面，滑道的材質有點類似鋼琴烤漆，順暢好溜，讓小朋友玩得不亦樂乎。業者共有 4 間溜滑梯客房和數間精緻客房。民宿位於羅東夜市旁，步行約 5 分鐘即可到達，相當方便。

1 溜滑梯從樓中樓的入口延伸到地面
2 樓中樓溜滑梯
3 樓中樓的上層臥舖

Info

📞 0956-563-192
🏠 宜蘭縣宜蘭市中山路三段 62 號
🚗 開車下國 5 宜蘭交流道約 12 分鐘，備有停車場。

1 橋墩下的溜滑梯　2 綠迷宮

11 冬山鄉 生態綠舟
橋墩遮陰溜滑梯

溜滑梯滑道材質是磨石子，溜滑梯造型弧度相當優美，周邊還鋪上假草皮，顯得特別清爽。溜滑梯位於橋墩下方，因此艷陽、下雨也不怕。假日人潮變多。在通往搭船的橋上有介紹行駛在冬山河鐵橋上的 12 種火車，非常寓教於樂。電動船會有專業的導覽作生態、人文的解說，航程約 15 分鐘，沿途會經過模擬金門隧道、人工大峽谷，若水位不足，會暫停營運（全票 75 元，半票 35 元）。

Info

📞（03）959-1314
🏠 宜蘭縣冬山鄉冬山路二段 172 號
🕐 全年無休，夏季 08:00-18:00，冬季 08:00-17:30
🚗 開車下國 5 羅東交流道約 15 分鐘，正門口備有付費停車場，冬山火車站下方的停車場則不收費。

12 冬山鄉 松之墅溜滑梯親子民宿

民宿溜滑梯

　　民宿共有五間特色溜滑梯客房，分別以氣球、樹屋、城堡等為主題，其中兩間是六人房，讓阿公阿嬤一起同樂。公共空間有沙坑、多款電動汽車。民宿還提供下午茶，早上豐盛的早餐是以 buffet 方式自由取用，相當精緻澎湃，還有趣味活動，讓入住的旅客們享有親子的互動時間！

　　民宿位於寧靜的冬山鄉村，提供親子腳踏車，讓入住的旅客可以悠遊在鄉間小道，散步即可到達分洪堰湧泉公園、有可愛小羊的宜農牧場、羅東運動公園。開車約 10 分鐘即可到達知名的羅東夜市、羅東林業文化園區。

1 城堡主題客房
2 房內布景和設施充滿童趣風
3 樹屋主題客房
4 賽車場

Info

☎ 0920-997-168
⌂ 宜蘭縣冬山鄉安農五路 19 號
🚌 開車下國 5 羅東交流道約
　　15 分鐘，備有停車場。

1

13 頭城鎮 北關休閒農場
山泉水溜滑梯

農場有三座溜滑梯，山泉水溜滑梯位於山泉戲水池後方，旁邊還有趣味的水上石板路。一座為小型攀岩溜滑梯，另一個為室內的球池溜滑梯。

農場占地廣闊，擁有豐富的自然資源。園內最著名的是臺灣第一座以螃蟹為主題的博物館，珍藏 700 餘種活體及標本，因為螃蟹是深海區的動物，所以館內也貼心地打造低光源、涼爽的環境。園內多以螃蟹為設計主題：戶外有兩隻巨大的螃蟹模型、木雕螃蟹休息椅、DIY 螃蟹拓印、DIY 彩繪瓷器螃蟹等，團體也可預約施放天燈。農場的動物有羊咩咩、大白鵝，放養的山雞愜意地在小山坡上行走；園區廣植果樹木瓜、柳丁、柑橘、金桔、李子、桃子等，若來此住宿，可體驗免費採果的樂趣，若起得早的話，還可見到龜山島日出喔！

2

Info

📞 （03）977-2168

🏠 宜蘭縣頭城鎮更新路 205 號

🕐 08:00-17:00，全年無休

💲 門票大人 150 元，6～12 歲 100 元，3～5 歲 50 元

🚗 開車下國 5 頭城交流道約 20 分鐘，備有停車場。

1 山泉水溜滑梯　2 水上石板路　3 球池溜滑梯　4 螃蟹博物館　5 小型攀岩溜滑梯　6 動物區
7 農場入口處有巨大的帝王蟹模型

14 員山鄉 七賢國小
滾輪溜滑梯

七賢國小的滾輪溜滑梯，滑梯材質為鐵製的，滾輪的部分是塑膠材質，滑道共有兩個，小朋友可以從多個通道到達滑道的路口，此座溜滑梯的另一邊還有兩個鐵板滑道。校園入口有一些地景藝術裝置，還有座遮陰籃球場，周邊環境顯得特別清幽，是間小而美的特色小學。

Info

📞（03）922-1688
🏠 宜蘭縣員山鄉浮洲路 30 號
🕐 非上課時間皆對外開放
🚗 開車下國 5 宜蘭交流道約 15 分鐘，路邊停車。

1 滾輪溜滑梯　**2** 滾輪溜滑梯的入口　**3** 溜滑梯的另一邊還有兩道鐵板滑道　**4** 溜滑梯的側邊照　**5** 地景藝術裝置

15 羅東鎮 中山公園
磨石子溜滑梯

　　磨石子溜滑梯共有兩座，一個大面寬，滑道面還鑲有猩猩、猴子等動物；另一種為雙滑道的磨石子溜滑梯，此外還有一座普通的罐頭塑膠溜滑梯。公園內以中式建築為主，有涼亭、小橋、流水，古色古香，還有一輛廢棄的蒸汽火車。公園四邊環繞的就是非常熱鬧的羅東夜市。

1 雙滑道的磨石子溜滑梯　**2** 蒸汽火車　**3** 大面寬溜滑梯
4 滑道面還鑲有猩猩圖樣

Info

📞（03）954-5102（羅東鎮公所）
🏠 宜蘭縣羅東鎮東興路 35 號
🚗 開車下國 5 宜蘭交流道約 15 分鐘，路邊停車。

花蓮

花蓮是臺灣面積最大的縣級行政區，為了吸引親子觀光，知卡宣森林公園擁有設備超級齊全的戲水溜滑梯，老中青都合適，最重要的是完全免費；太平洋公園也擁有特色超長溜滑梯。

01 花蓮市 太平洋公園
隱藏版溜滑梯

　　公園的溜滑梯可是連許多天天到此散步、遛狗的在地人都不知道，可見它有多麼隱密！公園的入口有一些藝術造景，是遊客們必拍的景點，濱海步道相當長，因此鮮少人會特意走到溜滑梯這邊。溜滑梯位於園區的右方，建議把車停在面對入口處右方的第一座橋旁邊，會比較近。從橋上去後，再往左邊步行約 5 分鐘，即可看到溜滑梯的入口。溜滑梯於 2015 年落成時，被批滑道太滑速度太快，會爆衝到出口，因此相關單位再將其磨得較粗糙，現在幾乎完全溜不動了，強烈建議自備滑板，才會有樂趣。

Info

📞 （03）823-0751
🏠 花蓮縣花蓮市海濱街
🚗 距花蓮火車站約 12 分鐘車程，備有停車場。

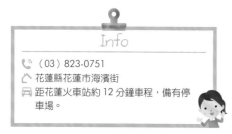

1 磨石子溜滑梯　**2** 溜滑梯入口　**3** 入口的藝術造景　**4** 海邊

02 花蓮市 中山330民宿
卡通溜滑梯

現在親子餐廳如雨後春筍冒出，連親子旅館也不遑多讓。中山330民宿可算是親子民宿的先驅，現今也維持著平價的住宿優惠，直接回饋給遊客們。這裡的房型，有多種不同的卡通主題，像是哆啦A夢、龍貓、拉拉熊，溜滑梯的下方有的營造成祕密基地、有的則是規劃成遊戲空間，提供積木等玩具、有的則是兒童睡鋪！民宿位於花蓮市最熱鬧的市

Info

📞 0963-656-021
🏠 花蓮縣花蓮市中山路330號
🚗 距花蓮火車站約8分鐘車程，路邊付費停車。

區內，館方還會提供詳盡的美食地圖、親子腳踏車等服務，可以好好地漫遊一整天，另外也有協助代訂賞鯨旅遊的服務。由於在假日期間，這裡可說是一房難求，建議遊客們要提早預約，若是沒預約成功的朋友也不用太難過，民宿另有分館，像是南京222民宿有 Hello Kitty 溜滑梯；歡樂堡民宿則有當紅的佩佩豬溜滑梯。

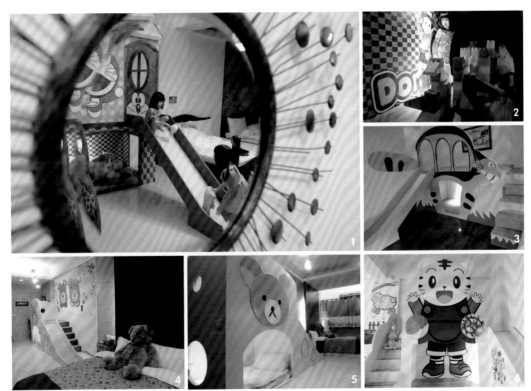

1 從鏡子中觀看房內的溜滑梯　2 溜滑梯的下方規劃成遊戲空間　3 民宿房內一景　4 民宿房內布置相當溫馨
5 溜滑梯的下方規劃成兒童睡鋪　6 民宿房內為小朋友喜愛的卡通人物

1 小幼童專屬的戲水溜滑梯　2 超長滑水道　3 兒童戲水溜滑梯
4 兒童戲水池有多個滑道　5 公園遊樂設施　6 迷宮

03 吉安鄉 知卡宣森林公園
戲水溜滑梯

　　公園因具有特色的溜滑梯而聲名大噪，戲水區限定夏季暑期開放，設備功能相當齊全，從 0～99 歲的溜滑梯都有！重點是這麼多功能的戲水溜滑梯，全部都是免費！依功能性，溜滑梯戲水池有做年齡區隔，並有多位救生員在側，安全性大有保障。有小幼童專屬的戲水溜滑梯，深度大約到大人的腳踝而已，這裡的遊具色彩繽紛充滿童趣，還有大象溜滑梯；大一點的小朋友，則可以來到最大宗的戲水區，這裡的溜滑梯上方，還有小水桶於頂端不時倒水而下，增加刺激度。另外還有水槍、灑水拱門、香菇傘等；青少年則可挑戰超長滑水道，有多種刺激度不同的滑道。還有人工造浪，相當有趣！特別注意的是，必須穿戴泳衣、泳帽才能下水，12：00～13：00 會清場休息一小時；週一消毒不開放。

　　若非夏季來，公園內也有其他許多兒童遊樂設施，像是鐵製溜滑梯、體能攀爬設施、木板迷宮、綠叢迷宮。

Info

📞（03）823-3575
🏠 花蓮縣吉安鄉中正路二段 299 號
🕐 戲水區 7 至 8 月 09:00-17:30
🚗 距吉安火車站約 8 分鐘車程，花蓮監理站正對面，路邊停車。

臺東

臺東的小學，溜滑梯都別出心裁，除了特色小學的新式溜滑梯外，偏鄉溜滑梯完整保留了臺灣早期的鐵製溜滑梯；其中，特色溜滑梯公園也特別結合知名繪本家—賴馬老師的作品《愛哭公主在野餐》、《貓熊家族》。

01 臺東市 寶桑國小
三樓探險溜滑梯

　　溜滑梯分成兩座，設置在校園建築物的「三樓到二樓」以及「二樓到一樓」。前者長度較斜長，後者的為旋轉溜滑梯，下方連接沙坑。二樓到一樓的溜滑梯旁為學校的公有繪本圖書區，旁邊還有一些小屋建築讓小朋友休憩。唯獨寒、暑假日溜滑梯的柵欄會上鎖，並未開放，建議學校下課後再前往。校園另一隅也有常見的塑膠溜滑梯，還有保留一些古樸的動物模型。

Info

- （089）322-807
- 臺東市四維路二段 23 號
- 平日05:30-07:00、17:30-19:00，假日 05:30-19:00
- 開車行駛臺九線，走中山路朝更生路前進，於四維路一段向左轉即可達四維路二段。

1 三層樓溜滑梯　2 二樓到一樓的溜滑梯　3 校園的休憩小屋　4 塑膠溜滑梯

02 臺東市 生日蛋糕公園
海盜溜滑梯

整個公園色彩繽紛，有分齡的遊戲區適合 2 ～ 5 歲的木質幼兒溜滑梯。幼兒溜滑梯的設計需要爬上爬下，可以滿足幼兒探險的需求！海盜船溜滑梯共有兩座，裡面也有各式攀爬關卡，另外還有體健設施，可以滿足活動力強的兒童。公園最為人注目的莫過於大型的生日蛋糕模型，是人氣拍照景點。園內草地上另有其他適合拍照的藝術裝置：賴馬老師的《愛哭公主在野餐》、《貓熊家族》。只是公園內可以說是毫無遮蔽物，若是夏日前來，請務必注意防曬。旁邊緊鄰臺東美術館，館內有大面磁鐵拼貼牆可以讓小朋友創作（入館大人 50 元，12 歲以下 20 元）。

Info

- ☎ （089）325-301（臺東市公所）
- ⌂ 臺東市浙江路 350 號
- 🚗 距臺東火車站約 4.8 公里。

1 木製兒童溜滑梯　**2** 整個公園色彩繽紛　**3** 海盜船溜滑梯共有兩座

4 賴馬老師的藝術裝置　　5 大型的生日蛋糕模型　　6 體健設施　　7 臺東美術館的磁鐵拼貼牆　　8 臺東美術館的戶外

1 磨石子溜滑梯　2 公雞溜滑梯　3 校園建築也相當具有特色
4 馬賽克拼貼法的公雞溜滑梯　5 大型的塑膠溜滑梯

03 臺東市 新生國小
公雞溜滑梯

　　學校有四座溜滑梯，其中一座為古樸的磨石子溜滑梯，寬度較一般溜滑梯寬，相當光滑好溜。另一座是馬賽克拼貼的公雞溜滑梯，溜滑梯的每個地方都有獨特的圖騰，色彩相當鮮豔，不管怎麼拍都好看，公雞共有兩個滑道，坡度、長度都較小，連幼童也會相當上手。第三座為大型的塑膠溜滑梯，旁邊有數個攀爬網讓小朋友使用；另外一座位於幼兒園內的城堡溜滑梯，是禁止外人進入的。校園的草皮廣大，也很適合其他球類運動。

Info

📞（089）322-039
🏠 臺東縣臺東市更生路 474 巷 45 號
🕐 05:30-07:00、17:30-19:00，假日 05:30-19:00
🚗 距臺東火車站約 4.5 公里。

04 臺東市 臺東大學附設實驗國民小學
彩繪大象溜滑梯

校園有座古樸的大象溜滑梯，重新彩繪後，賦予了溜滑梯新的生命！材質為磨石子，相當順暢好溜。校園另一隅，還有一座超大型溜滑梯，有數個滑道，即使人多也不怕！

校園也保留了許多古老的遊戲器材，像是鐵製攀爬網、鐵製飛機，後方還有沙坑可以玩。另外校方也妥善利用常見素材做為環保教育，像是利用水管做傳聲筒，簡單的小東西，就可以讓小朋友們玩得不亦樂乎，還有一些環保公仔藝術雕像設置在校園各個角落，這是一間值得玩上半天的優質學校！

Info
- （089）322-047
- 臺東縣臺東市博愛路 345 號
- 05:30-07:00、17:30-19:00，假日 05:30-19:00
- 開車行駛臺 9 線至卑南鄉東興村過橋（約 384.6 公里處）左轉大學路後直行，約 5 分鐘。

1 大象溜滑梯　**2** 鐵飛機　**3** 超長的鐵製攀爬網　**4** 傳聲筒　**5** 超大型溜滑梯

05 臺東市 臺東兒童故事館
磨石子溜滑梯

戶外的溜滑梯，材質是磨石子，大面寬。旁邊有大、小朋友都愛的樹屋，樹屋裡有建構多個休息平臺，旁邊茂盛的大榕樹提供了最愜意的涼蔭。日式風格的故事館，有著非常豐富的兒童繪本，還有一部分是漫畫、小說！假日下午有聽故事時間。因 2016 年尼伯特颱風造成兒童故事館多處嚴重損害，目前正在整修中，建議前往之前，先致電詢問。

Info

📞（089）323-319
🏠 臺東縣臺東市大同路 103 號
🕙 10:00-12:00，13:30-17:00，週一公休
🚗 開車沿中華路轉入大同路往濱海公園方向續行約 500 公尺。

1 磨石子溜滑梯　**2** 樹屋　**3** 故事館　**4** 戶外一景

1 溜滑梯　**2** 入口處　**3** 摸米體驗　**4** 地景　**5** 彩繪牆

關山鎮 關山米國學校
06 遮陰溜滑梯

　　溜滑梯位於主建築物後方的空間，材質為塑膠，上方有天花板，下雨也不怕。此處為關山鎮農會將舊碾米廠改建而成。在舊有的廠房外牆，重新畫上生動的彩繪；廠房內也有地景可拍照。商品館把優良的在地米結合文創，相當適合當伴手禮。旁邊還設有數個大的米桶，裡面擺放著各種不同的米粒，從最一開始的米粒、糠糠、胚芽米、精米等，小朋友可以摸摸看體驗其差異。

Info

📞 (089) 814-903
🏠 臺東縣關山鎮昌林路 24-1 號
🕐 全年無休 08:00-17:00
🚌 開車行駛臺九線，關山慈濟醫院北上約 500 公尺處（備有停車場）。

171

07 關山鎮 關山兒童遊戲場
鯊魚溜滑梯

公園相當小，卻有個非常引人注目的溜滑梯：鯊魚溜滑梯！鯊魚的眼睛部位為樓梯，尾巴的滑道則分成兩邊，材質為磨石子，雖然寬度較窄，長度也不長，但相當光滑好溜，若是家中有小幼童要特別注意，這邊的速度可是超乎想像中的快。旁邊還有個普通的塑膠幼兒溜滑梯、盪鞦韆、蹺蹺板、涼亭、千歲彩繪牆、有小小草皮可以奔跑。公園沒有廁所，旁邊緊鄰公有市場，附近商家也很多，若有需求的朋友，可以先熟悉環境。

Info
⌂ 臺東縣關山鎮信義路
（公有零售市場旁）
🚗 距鹿野火車站約
0.7 公里。

1 溜滑梯 　2 滑道方成兩邊 　3 下滑速度相當快

08 金峰鄉 新興國小
鐵製雙滑道溜滑梯

古老的溜滑梯材質為鐵製，共有兩個滑道，一邊的滑道下方接沙坑，另一邊則是草地。要挑戰這個溜滑梯，還需要一點勇氣，鐵製的欄杆有大約一層樓的高度，適合大一點的小朋友，是座相當有挑戰性的溜滑梯。新興國小位於部落內，旅客們可以安排深度的部落旅行，金峰鄉素以溫泉聞名，適合安排個漫遊的輕旅行。若於暑期前往，可以到太麻里觀賞金針花山。

Info
📞 （089）781-687
⌂ 臺東縣金峰鄉新興村
1 鄰 1 號
🕐 除上課時間（07:30-
16:00）皆可進入
🚗 距太麻里火車站約
2.2 公里。

1 鐵製雙滑道溜滑梯 　2 滑道下方接沙坑

09 鹿野鄉 鹿野國小
古老鐵製溜滑梯

鹿野國小的少棒隊揚名全臺，校園果然也獨樹一格。除了少少的建築物，大概有90%的校地都非常適合用來練習球類運動，因此看起來相當寬敞舒適。溜滑梯位於學校的高處，材質為鐵製，滑道共分兩處，是臺灣早期常見的溜滑梯，現在只有少數學校有保留。另外鐵製的飛機，高度特別架高，也是位於校園高處，小朋友們可以挑戰看看是否敢坐在機長的位子，有居高臨下的感覺唷！校園的塑膠溜滑梯，也是別有特色，有辣椒造型的樓梯。玩累了，也可以坐下來休息，觀賞遠方群山環繞下的森林裡，有快速呼嘯而過的火車。

Info

📞（089）551-371
🏠 臺東縣鹿野鄉鹿野村中華路一段402號
🕐 除上課時間（07:30-16:00）皆可進入
🚗 距鹿野火車站約0.5公里。

1 塑膠溜滑梯　2 鐵製溜滑梯　3 鐵的飛機　4 鐵飛機高度特別架高

1 鐵飛機溜滑梯　2 木製城堡的小型溜滑梯　3 鐵製溜滑梯　4 雙滑道鐵板溜滑梯　5 校園的專為棒球練習用的圍牆

10 卑南鄉 東成國小
飛機溜滑梯

　　校園相當小而美，一進入校園即可看到左手邊顯眼的太陽能發電校舍，右手邊即是兒童遊戲區，遊戲區有多種溜滑梯，像是鐵製飛機造型的溜滑梯、鐵製攀爬欄杆的溜滑梯（相當具有挑戰性，建議六歲以上的小朋友來挑戰）、木製城堡的小型溜滑梯！各個樸質又富有特色。除了各式溜滑梯，還有多種古樸的鐵製遊樂設施。運動場上也少不了訓練棒球用的九宮格牆，喜歡棒球的小朋友，可以自備球具到此練習。國小離斑鳩冰品相當近，約莫 3 分鐘車程，建議順道一遊。

Info

📞（089）571-124
🏠 臺東縣卑南鄉美農村二二鄰班鳩 92 號
🕐 除上課時間（07:30-16:00）皆可進入
🚗 開車行駛臺 9 線 365 公里處轉東 47 鄉道續行約 1 公里可到達。

11 卑南鄉 斑鳩冰品
滑水道溜滑梯

　　這邊的溜滑梯，原本是設計為滑水道專用的溜滑梯，剛好工廠有多餘的滑水道材料，園區便委託工廠再次加工成全罩式的溜滑梯，以確保小朋友的安全。溜滑梯高度約有兩層樓，因有多處轉彎，因此下滑速度不致於過快，連小幼童都可以體驗！溜滑梯的歷史已超過十年，雖然外觀有些老舊，但都會定時保養維修，可見業者的用心。臺東卑南鄉是全臺釋迦最大的產區，這裡的冰品當然首推充滿在地特色的鳳梨釋迦冰。戶外有大片草皮、一些兒童遊樂器材和入口處必拍的超大釋迦模型。

Info

📞（089）570-399
🏠 臺東縣卑南鄉美農村 23 鄰斑鳩 109 號
🕐 全年無休 08:00-17:30
🚗 開車行駛臺 9 線 365 公里處轉東 47 鄉
　　道續行約 1.5 公里可到達。

1 休憩區　**2** 滑水道溜滑梯　**3** 溜滑梯看不見出口底部
4 釋迦的加工產品　**5** 入口處必拍的超大釋迦模型

國家圖書館出版品預行編目資料

咻－跟著溜滑梯遊臺灣 / 劉芷溱作. -- 初版. --
臺北市：華成圖書, 2018.07
　面；　公分. --（自主行系列；B6204）
ISBN 978-986-192-327-7（平裝）

1. 臺灣遊記 2. 親子

733.6　　　　　　　　　　　　　　　107007802

自主行系列　　B6204

咻－跟著溜滑梯遊臺灣

作　　者／劉芷溱

出版發行／華杏出版機構

華成圖書出版股份有限公司
www.far-reaching.com.tw
11493台北市內湖區洲子街72號5樓（愛丁堡科技中心）
戶　　名　　華成圖書出版股份有限公司
郵政劃撥　　19590886
e - m a i l　　huacheng@email.farseeing.com.tw
電　　話　　02-27975050
傳　　真　　02-87972007
華杏網址　　www.farseeing.com.tw
e - m a i l　　adm@email.farseeing.com.tw
華成創辦人　　郭麗群
發 行 人　　蕭聿雯
總 經 理　　蕭紹宏

主　　編　　王國華
責任編輯　　楊心怡
美術設計　　陳秋霞
印務主任　　何麗英
法律顧問　　蕭雄淋‧陳淑貞

定　　價／以封底定價為準
出版印刷／2018年7月初版1刷

總 經 銷／知己圖書股份有限公司
　　　　　台中市工業區30路1號　　電話　04-23595819　　傳真　04-23597123

版權所有　翻印必究 Printed in Taiwan　　◆本書如有缺頁、破損或裝訂錯誤，請寄回總經銷更換◆

讀者線上回函
您的寶貴意見
華成好書養分